Albert Ilg

Zeitstimmen über Kunst und Künstler der Vergangenheit

Albert Ilg

Zeitstimmen über Kunst und Künstler der Vergangenheit

ISBN/EAN: 9783743635913

Hergestellt in Europa, USA, Kanada, Australien, Japan

Cover: Foto ©Thomas Meinert / pixelio.de

Weitere Bücher finden Sie auf **www.hansebooks.com**

ZEITSTIMMEN

über

KUNST UND KÜNSTLER

der

VERGANGENHEIT.

STUDIE

von

Dr ALBERT ILG.

„Λιθολογέω" . . . . .

———

WIEN, 1881.
WILHELM BRAUMÜLLER
K. K. HOF- UND UNIVERSITÄTSBUCHHÄNDLER.

SR. EXCELLENZ

HERRN FELDZEUGMEISTER

GRAFEN FRANZ FOLLIOT DE CRENNEVILLE

K. K. WIRKLICHEM GEHEIMEN RATH,
KÄMMERER UND OBERSTKÄMMERER SR. KAISERL. UND KÖNIGL. APOSTOL.
MAJESTÄT, RITTER DES GOLDENEN VLIESSES ETC. ETC.

IN TIEFSTER EHRFURCHT

DER VERFASSER.

VORWORT.

Die moderne Kunstgeschichte hat, wie jegliche wahre Wissenschaft, es sich zum Gesetze gemacht, alle Erscheinungen längst entschwundenen Geisteslebens in ihrem Fache mit der strengsten Objectivität aufzufassen, um sie erklären und dann beurtheilen zu können. Bei solchem Vorgehen musste es ihr zum obersten Grundsatze werden, für jedes befremdliche Phänomen der Vergangenheit den Standpunkt dadurch zu finden, dass sie die Denk- und Anschauungsweise der betreffenden Culturepoche sich zu eigen machte und nur von solcher Basis aus den Werth der fraglichen Sache in Betracht zog. Wir haben hier nicht zu untersuchen, ob es der modernen Kunstwissenschaft immer gelungen ist, dieser trefflichen, dieser alleinrichtigen Maxime treu zu bleiben; ob nicht der Geist des neunzehnten Säculums bisweilen ein wenig von seiner Tinte in die alte Farbe spritzte und ob die ungeheure Kluft, welche das Einst vom Heute trennt, durch jene Brücke der strengen Objectivität, der rein historischen Auffassung, stets überdeckt werden konnte.

Ohne, wie gesagt, diesen Gegenstand eingehender berühren zu wollen, können wir aber dennoch behaupten, dass eine Quelle bisher noch viel zu wenig zu Rathe gezogen wurde, aus der richtige Erkenntniss über alte Kunst, Künstler und Kunstanschauung reichlich zu schöpfen wäre, und dieser Born ist die gleichzeitige Literatur. Vorliegende Zeilen machen es sich blos zur Aufgabe, solche Belege aus derselben hervorzuheben, welche sich mit allgemeinen Gesichtspunkten beschäftigen und das rein Ethische, Philosophische und Moralische alter Kunstanschauungen beleuchten. Weit entfernt von Vollständigkeit, weit entfernt auch nur von Reichhaltigkeit, dürften sie aber doch zu dem Behufe genügen, um zur Beachtung ähnlicher Stellen anzuregen, deren Werth uns noch viel bedeutender dünkt, als selbst die Auffindung einer Notiz, welche historische oder biographische Nachrichten sicherstellt. Denn was uns den Schlüssel zum Verständnisse alter Kunst gibt, ist zunächst doch die Erkenntniss der Art und Weise, wie die Zeitgenossen über sie gedacht, wie sie ihr gegenüberstanden. Jede retrospective Beurtheilung, die sich blos dem sogenannten gesunden Urtheile und dem sogenannten richtigen Gefühle überlässt, macht, selbst unbewusst, Propaganda für ihre eigene Zeit — das steckt nun einmal im Menschen; die Zeugnisse der Vergangenheit aber sprechen klar und unzweifelhaft, ihnen können wir billig Vertrauen schenken,

„Was ihr den Geist der Zeiten heisst,
Das ist im Grund der Herren eigener Geist,
In dem die Zeiten sich bespiegeln."

Die Beiträge, welche das vorliegende Büchlein enthält, sind nach den Worten des grossen Heidenbekehrers nur Stückwerk und begnügen sich, eingedenk dessen, mit dem Motto, das wir dem Schriftchen gegeben haben, denn der Stoff ist geradezu unerschöpflich und brauchte aus Nah und Fern, Mittelalter und Renaissance, deutschen und fremden Quellen, nur so mit beiden Händen herbeigeholt zu werden. Was ich hier geboten habe, beschliesst das Thema daher keineswegs; im Gegentheil, ich hoffe, dass es nur eine der ersten Anregungen, den Schacht zu eröffnen, sein dürfte. Ebenso weiss ich wohl, dass ich bei meinem

Sammeln vielleicht an sehr wichtigen Beiträgen vorübergegangen bin, und ferner, dass besonders die grossen Arbeiten des Lionardo, Vasari, Cellini, Lomazzo, Borghini, Baldinucci, Sandrart, van Mander u. A., welche ich hier absichtlich bei Seite gelassen habe, zu diesem Zwecke erst eingenend beigezogen werden müssten — aber ich glaube, dass meinen Absichten vorläufig auch durch diese Skizze Rechnung getragen sei für Den, der die Grenzen würdigt, welche ich mir selbst für den vorliegenden Versuch gesteckt habe.

Wien, im März 1881.

Der Verfasser.

I.
DER URSPRUNG DER KUNST.

Die hohe Bedeutung der Kunst war dem Menschen des Mittelalters, dessen Gottesdienst durch sie seine erhabenste Zierde erlangte, wolbewusst und die Verehrung ihres Wesens darum tief eingeprägt. Dies spricht sich wol am grossartigsten darin aus, dass der höchste Herr des Lebens, der Schöpfer alles Seienden, Gott selbst, in poetischer Auffassung als Künstler gedacht wird. Die alten Dichtungen enthalten zahlreiche Stellen, welche diesen Gedanken direct aussprechen, besonders häufig geht der tiefsinnige Wolfram von Eschenbach auf denselben ein. So schildert er uns den Helden seines grossen Epos, Parzival, in seiner ritterlichen Kraft und Schönheit und schliesst mit den Worten:

dô lac diu gotes kunst an ime. (III. 219.)

Die schönen Hände einer Dame werden ebenfalls als Werke des unsterblichen Meisters gedacht, denn es heisst von ihnen:

an den lac der gotes fliz. (II. 890.)

In dem in der zweiten Hälfte des 13. Jahrhunderts entstandenen Gedichte von Mai und Beaflor wird Gott als Erzbildner aufgefasst und heisst es demgemäss von einer Schönen:

der diu reinen bilde gôz (g. 30.)
der leite an si wol sinen vliz.

Denselben Ausdruck gebraucht der Dichter des Wigalois:

daz antlütze lûter gar (897.)
von roete und von wize,
als si got mit fliz
gemischet hiet begarwe.

Oder man vergleiche folgende Stelle im Parzival:

an ir was künste niht vermiten (III. 438.)
got selbe worhte ir suezen lîp,

Der Höchste gilt als der Gestalter seiner Geschöpfe, wie derselbe Dichter bekundet:

> gêret sî diu gotes hant (VI. 92.)
> und al diu crêatiure sin.

wie auch Heinrich von Freiberg im heiligen Kreuze singt:

> die creatiure nach gôtlicher figure (41.)
> waz gepildet ir gestalt.

und Konrad von Würzburg in der halben Birn:

> bî allen gotes bilden. (122.)

Dann ist es wieder Gott der Maler, den andere Stellen feiern, so abermals eine solche aus Mai und Beaflor mit dem der Kirchendecoration entlehnten Bilde:

> got hât geziret einen kôr (216. 26.)
> hie mit reinen wiben.

oder im Passional:

> vnde got der wise maler streidt (112. 72.)
> an seines kindes bilde
> der tunkeln varwen richelt.

Niemals indess dürfte derselbe Gedanke auf originellere Weise ausgedrückt und drastischer verdeutlicht worden sein als durch den Prediger Bruder Berthold von Regensburg im 13. Jahrhundert:

> Nu seht, ir saeligen gotes kinder, daz iu der almehtige got sêle und lip beschaffen hât. Und daz hât er iu under die ougen geschriben, an daz antlûtze, daz ir nâch im gebildet sît. Daz hât er uns reht mit geflorierten buochstaben an daz antlûtze geschriben. Mit grôzem flîze sint sie geziert und gefloriert. Daz verstent ir gelêrten liute wol: aber die ungelêrten mûgen sin niht verstên. Diu zwei ougen, daz sint zwei o. Ein h, daz ist niht ein rehter buochstabe: ez hilfet niuwen den andern; als homo mit dem h, daz sprichet mensche. Sô sint die brâwen dar obe gewelbet und diu nase dâ zwischen abe her: daz ist ein m, schône mit drin stebelin. Sô ist daz ôr ein d, schône gezirkelt und gefloriert. Sô sint diu naselôcher und daz undertât schône geschaffen reht als ein kriesch e, schône gezirkelt und gefloriert. Sô ist der mund ein i, schône gezirkelt und gefloriert. Nu seht, ir reinen kristen liute, wie tugentliche er iuch mit disen sehs buochstaben gezieret hât, daz ir im eigen sint und daz er iuch geschaffen hât. Nu sûlt ir mir lesen ein o und ein m und aber ein o ze samme: sô sprichet ez homo. Sô leset mir ouch ein d und ein e und ein i ze samme: sô sprichet ez dei. Homo dei, gotes mensche, gotes mensche! Ketzer, du liugest! ketzer, du liugest! Nu sich, wie ketzerlich du gelogen hâst. Ez wart halt nie sô

getânes niht, daz der tiufel ie geschûefe; wan sünde und schande, die geschuof er des ersten an im selber, und dar nâch iemer mêr, swâ er daz mohte gerâten, daz tet er. Der almehtige got geschuof alliu dinc und geschuof diu ze nutze und ze guote.
(Wackernagel, altd. Lesebuch, I. Band, col. 719 f.)

Unwillkürlich wird man bei solch' phantastischer Auseinandersetzung an die kalligraphisch-ornamentalen Verquickungen der Menschengestalt mit den Formen der Majuskeln in irischen Miniaturen erinnert.

Den Italienern ist diese Vorstellung von der Künstlerschaft Gottes gleichfalls geläufig, welche man als eine Ausbildung des einfachen Bibelwortes vom Ebenbilde Gottes betrachten könnte. Dante beschreibt im 10. Gesang des Purgatorio ausführlich eine Reihe von Marmorsculpturen, in denen an einer Felswand die Verkündigung, die Bundeslade, David mit der Harfe und Kaiser Trajan's Gerechtigkeit dargestellt war, und macht dann die Schlussbemerkung:

> Colui, che mai non vide cosa nuova, (X. 94.)
> Produsse esto visibile parlare,
> Novello a noi, perchè qui non si truova.

Der Sinn dieser Worte ist: Gott, der seit Ewigkeit Nichts sah, das ihm neu gewesen wäre, während es uns neu erscheint, hat dies hervorgebracht, was im Bilde jene Reden wirklich zu sprechen scheint, die der Dichter bei seinem Anblicke vorgebracht hat. Und weiter:

> — io mi dilettava di guardare (X. 97.)
> Le immagini di tante umilitadi,
> E per lo Fabro loro a veder care.

Petrarca folgt nicht minder der hier angedeuteten Idee; in einer jener hinreissenden Schilderungen seiner Geliebten sagt er z. B. von ihrer Hand, ganz ähnlich wie Wolfram:

> Man, ov'ogni arte e tutti loro studi (Son. 166.)
> Poser natura e' l ciel per farsi onore.

Doch waltet bei diesem Dichter die auch in den oben citirten Zeilen ausgesprochene Vorstellung vor, dass die Natur, nicht Gott selbst, das Künstleramt verrichte, wie er denn ein andermal die Frage an sie stellt, woher sie das Muster zur Bildung der Ge-

liebten genommen habe? Aber auch hier ist der Gedanke an ein
künstlerisches Walten derselben deutlich ausgedrückt:

> In qual parte del ciel, in quale idea (Son. 126.)
> Era l' esempio, onde natura tolse
> Quel bel viso leggiadro, in ch' ella volse
> Mostrar quaggiù quanto lassù potea?

Als er dann Simone Memmi's Bild, welches ihm dieser von Laura gemalt, in Versen feiert, da ist sein Gedanke der, dass nicht Polyklet, so scharf er auch spähen mochte, das Kleinste davon in tausend Jahren hätte wahrnehmen können, Simone aber hätte es in Himmelshöhen geschaut und nachgebildet, damit auch wir unten ihr Antlitz sähen; denn:

> L'apra fu ben di quelle che nel cielo (Son. 57.)
> Si ponno immaginar, non qui fra noi.

Auch darf nicht übersehen werden, dass der Dichter in den vorher angeführten Zeilen bereits derselben Anschauung huldigt, welche das berühmte Wort des Raphael ausspricht, indem er von einer idea redet, welche der Bildnerin Natur, als Künstler, vorschwebt, als sie an das Wunderwerk ihrer Kunst, Laura, herantritt. Man sieht, die Sprache dachte längst schon in derselben Weise, wenn auch das betreffende Wort eines grossen Jüngers der Kunst den Ausdruck Ideal erst später einbürgern sollte.

Indem beide Auffassungen, von Gott als erstem Künstler und wieder von der Natur als erster Meisterin, die aber von dem Höchsten dazu geschaffen sei, bei einem und demselben Dichter gleichsam nur als Variation desselben Gedankens abwechseln, treffen wir auch bei Dante noch eine hieher gehörige Stelle, welche die Kunst (und Wissenschaft) sorgfältig auf den Quell der Natur zurückleitet und dabei wie Theophilus, Cennini und Andere sich auf die Worte der Genesis gründet.

> Filosofia, mi disse, a chi la intende (Inf. XI. 97—108.)
> Nota non pure in una sola parte,
> Come natura lo suo corso prende
> Dal divino intelletto e da sua arte:
> E se tu ben la tua fisica note,
> Tu troverai, non dopo molte carte,
> Che l' arte vostra quella, quanto puote,
> Segue, come il maestro fa 'l discente,
> Sie che vostr' arte a Dio quasi è nipote.

> Da queste due, se tu ti rechi a mente
> Le Genesi dal principio, conviene
> Prender sua vita, ed avanzar la gente.

Es scheint, als ob diese Stelle nicht ohne Einwirkung auf die Jünger der Kunst in Italien gewesen wäre, deren geistiger Zusammenhang mit dem Dichterfürsten ja längst über allen Zweifel erhaben ist. Sowie hier Dante die Kunst, als Tochter der Natur, Gottes Enkelin betitelt, so spinnt Lionardo da Vinci in seinem trattato della pittura den Gedanken weiter, indem er solche Künstler, welche statt der Natur nur immer einem verehrten Leithammel von Lehrer folgen, Enkel statt Söhne der Natur nennt. Dante's Definition erklärt erst, was Lionardo hierunter verstanden wissen will. Ganz anderer Ansicht ist dagegen der gute handwerkliche Cennini, welcher (cap. 27) im Gegentheil das Abspringen von dem Vorbilde dieses zu jenem eines zweiten und dritten Meisters scharf verurtheilt, denn das sei der Abweg, auf dem der Kunstjünger mit „Gewalt ein Phantast" werden müsse. Freilich preist er an einer anderen Stelle (cap. 28) gleich wieder das Studium nach der Natur als „die vollkommenste Führerin", „das beste Steuer", „die Triumphpforte des Zeichnens", doch sei dasselbe, welches ober allen anderen Mustern steht, erst zu empfehlen, wenn der Schüler „einiges Gefühl im Zeichnen" zu bekommen anfängt.

Einen höchst scharfsinnigen Gedanken äussert in dieser Beziehung einer der feinsten Meister der Form, Torquato Tasso. Bei der Schilderung der wunderbaren Haine der Armida (in der Gerusalemme liberata XVI. 9 ff.) denkt er an die herrlichen Gärten seines Vaterlandes, wie sie der Geschmack der Renaissance in ganz besonderem künstlerischem Stil entstehen liess. Nachdem er die einzelnen Schönheiten dieses Gartenwerkes geschildert, macht er die Bemerkung:

> E quel, che 'l bello, e 'l caro accresce a l' opre,
> L' arte, che tutto fà, nulla si scopre.
> Steini (sì misto il culto, è col negletto)
> Sol naturali, e gli ornamenti, e i siti.
> Di natura arte par, che per diletto
> L' imitatrice sua scherzando imiti.

Der geistvolle Grundgedanke ist: die Kunst, welche diese Landschaft herrlich geschaffen hat, scheint Natur zu sein, gleichsam als ob zu scherzhafter Abwechslung einmal das Vorbild seine Nachahmerin selber nachahmen gewollt hätte. Natur ist Mutter aller Kunst, Letztere also deren Nachfolgerin; hier jedoch geht die Natur so gehorsam in den Spuren der Kunst, d. h. das Material, in dem diesmal die Kunst schafft, ist selber die Natur, dass es scheint, als habe die grosse Lehrerin einmal mit der Schülerin die Rollen getauscht und folge ihren Weisungen. Für die bildenden Künste im Allgemeinen spricht der Dichter damit ein grosses Wahrwort aus: echte Kunst ist ja eine Schülerin der Natur, wir sollen in ihrem Werke also echte Natürlichkeit empfinden, aber nicht eine wilde schrankenlose, sondern eine geadelte Natürlichkeit, welche dem Lehrling der Natur, dem künstlerischen Geiste, selber untergeordnet erscheint.

So schien den Alten also der göttliche Ursprung der Künste die sichere Basis für ihre Bedeutung. Leon Battista Alberti spricht im Tractat über die Malerei den Gedanken aus, dass Religion, Malerei und Bildhauerei Schwestern seien, wobei er Trismegistos zum Autor nimmt, allerdings ohne die antike Quelle recht aufgefasst zu haben: Giudica Trimegisto vechissimo scriptore che insieme con la religione nacque la pictura et scolptura. (Quellenschriften, XI, pag. 93.)

Umgekehrt fehlt es aber auch nicht an einer Stelle, in der Gott selbst auch bei Petrarca das Wirken als Künstler direct zugetheilt wird. Es ist das vierte Sonett an Laura, welches beginnt:

> Quel ch' infinita provvidenza ed arte
> Mostrò nel suo mirabil magistero etc.

Die heilige Schrift lieferte zu solcher Kunstphilosophie eine weitere Anknüpfung. Denn Adam, der lehmgeschaffene, erste Mensch, ist Gottes erstes Kunstwerk und, gleich dem Geschöpfe des Prometheus, ein Product der Bildnerei des Ewigen. Im Geiste des Mittelalters sehr eingehend und logisch hat Cennino Cennini in seinem libro dell' arte diesen Zusammenhang entwickelt, indem er, um die Entstehung der Kunst und Künste zu erklären, von Gott den Anfang nimmt, der alles Lebende und Nährende und dann Mann und Weib nach seinem Ebenbilde geschaffen hat. Nach dem Sündenfall erkannte Adam seine Schuld, da er aber von Gott reich begabt war, „kam er durch seine Klugheit darauf, dass ein

Mittel, sich durch der Hände Arbeit zu ernähren, gefunden werden müsse. Und so fing er mit dem Karste, Eva mit dem Rocken an. Er gerieth dann auf viele nöthige Künste, eine verschieden von der anderen .... Eine von diesen herkommende ist eine Kunst, welche man Malerei nennt". Es ist somit sozusagen der Stammbaum und die Adelsprobe der Kunst bis zum Urquell alles Seienden zurück dargelegt und entwickelt — auf eine naive, in jener Zeit aber gewiss ernst gemeinte Weise! Michelangelo Biondo (1549) schildert in seinem Tractat von der hochedlen Malerei (Quellenschrift. V, pag. 15), Gott als Maler des Himmels, an welchem er die Gestirne darstellt, des Wetters, der Erde mit allen Geschöpfen etc.

Um noch eine Probe davon zu bieten, wie die spätere Zeit auf das barokste und gesuchteste derartige Zurückführungen der bildenden Kunst auf göttlichen Ursprung versuchte, bei aller Geschraubtheit, Uebertreibung und Schwulst dennoch aber den Zusammenhang mit der mittelalterlichen Grundidee bewahrte, will ich beispielshalber des geschickten Regensburger Drechslers, Johann Martin Teuber, kurzen Unterricht in der Drehkunst anführen (daselbst 1730, besprochen vom Verfasser in der Wiener Abendpost 1880, Nr. 5), worin mit grösster Naivetät und Scheingelehrsamkeit folgendermassen deducirt wird. Die runde Figur ist die Hauptsache in der Drecherei, sie ist aber auch, nach aller Mathematiker Ansicht, die vollkommenste. Das merkwürdigste Rund ist die Erde, die Gott gemacht hat, folglich ist Gott der älteste Dreher und hat die edle Drechslerkunst von ihm Anfang und Herkommen. Es gefällt weiters dem Autor ausserordentlich, dass irgendwo eine gewisse ansehnliche Gesellschaft Gott als Dreher bei der Drechselbank, wie er den Erdball verfertigt, malen und dazu den Spruch setzen liess: tornat et ornat. — So sind wir schliesslich bei kindischer Gedankenspielerei angelangt, erkennen jedoch auch in dem Zerrbilde den Rest einer grossen, uralten Anschauung, welche jede Erscheinung geistigen Strebens geadelt erblicken will durch ihre Ableitung vom höchsten Geistesquell.

Es wäre leicht, die in Rede stehende Sache durch alle Jahrhunderte weiter zu verfolgen und nachzuweisen, so lange die italienische Kunst im volksthümlichen Wesen Wurzel behält, daher möge nur wegen des Gegensatzes zu obiger kindlich naiven Anschauung des Giottesken von 1400 ein Künstler-Schriftsteller noch citirt werden, welcher durch eine gewaltige Kluft von Jahren, noch mehr aber durch eine Kluft veränderter Lebens- und Kunstverhältnisse von ihm geschieden ist. Ich meine Benvenuto Cellini. Das aus seinen Sonetten entlehnte Citat trägt ebensosehr das Gepräge einer hoch entwickelten Periode und ihrer Anschauungsweise als die Deduction der Kunst bei Cennini, dem Schüler der Gaddi, jenes einer primitiven Glaubensseligkeit, — in beiden aber zeigt sich die uralte These von der Werthschätzung der Kunst als einer der Gottheit würdigen Beschäftigung in alter Kraft. Der Florentiner des 16. Jahrhunderts nennt Gott ebenfalls ausdrücklich den ersten Bildhauer:

> Quell immortale Iddio della natura (Son. XII.)
>   Che fece i cieli, e' l mondo, e noi fe' degni
>   Delle sue mani, senza far disegni,
>   Come quel che ogni arte avea sicura,
>
> Di terra fece la prima scultura,
>   E la mostrò agli angel de' suoi regni
>   Per qual ne nacque que' crudei sdegni,
>   Cagion d'inferno e morte acerba e dura.
>
> Cadde nel fuoco colle sue brigate
>   Quel che ubbidir non volle 'l suo maggiore,
>   Che avea tante gran cose create.
>
> Questo fa il primo che si fe' pittore,
>   Che con tal ombre ha l'anime ingannate,
>   Qual non può far nessun buono scultore.

Im fünften Sonett spricht der Dichter einen ähnlichen Gedanken aus, es ist der Sacra santa scultura gewidmet.

> Dio fe' il prim' uom di terra, e poi l' accese
> Coll' immortal suo spirto, vivo e santo;
> E gli diè 'l mondo in guardia tutto quanto.
> Poi in virgin vaso a rivederlo scese.
>
> Perchè dalle ombre le virtù offese
> Vide di quello: e or posson qui tanto,
> Che dell' ombra Pittura 'e solo 'l vanto;
> Cagion che la Scultura i suoi riprese.

Die Wendung in diesen Gedichten liegt ihrem Inhalte nach ausser der Grenze, in welcher sich unsere Abhandlung bewegt. Der Gedanke hängt mit dem im Zeitalter der Renaissance so vielfältig und ernsthaft geführten Streit über den Vorzug der Malerei oder der Sculptur zusammen, an welchem eitlen Hader sich bekanntlich praktische Künstler wie Gelehrte eifrigst betheiligten. Cellini entscheidet hier den Zwist scherzhaft, indem er Gott als Erschaffer des Erdensohnes Adam den ersten Bildhauer, Satan aber, der im Reiche des Schattens herrscht, als den ersten Maler hin- und jenem gegenüberstellt. Es würde zu weit führen, dieses an sich höchst interessante Streitthema weiter zu verfolgen, für die vorgesetzten Gesichtspunkte genügt es vollkommen, darauf hinzuweisen, dass aber auch Cellini bei seiner eigenartigen Erledigung des Problems wieder an die alte, im Mittelalter, wie gezeigt, allgemein verbreitete Anschauung anknüpfte, wonach die Kunst von Gott selbst ihren erhabenen Ursprung hat. Wenn wir Obiges festhalten, wird auch eine weitere Stelle bei Wolfram klar, der die Schönheit Parzival's mit den Worten ausdrückt:

nie mannes varwe baz geriet (III. 220.)
vor ime sit Adames zit.

Hier scheint Gott also wieder in seiner Eigenschaft als Maler gedacht zu sein, gewiss aber nicht ohne Zusammenhang mit der in den früher citirten Quellen dargelegten Auffassung von seiner ersten grossen Künstlerthat im Paradiese.

Im Laufe der Spätrenaissance und der Barokzeit tritt an die Stelle dieser durch und durch vom frommen Geiste der Vorzeit getragenen Idee eine neue, welche scheinbar mehr wissenschaftlich aufgestutzt, im Grunde eine höchst alberne Idee ist, wennschon sie, wie man sehen wird, dem Aufblühen der Naturwissenschaften in damaliger Zeit ihren Ursprung verdankt. In allen Wunder- und Kunstkammern des 16. und 17. Jahrhunderts spielten bekanntlich Versteinerungen, Dendriten, Korallengewächse und Naturspiele der verschiedensten Art eine sehr bedeutende Rolle, und tiefsinnige Köpfe kamen allen Ernstes auf die sublime Idee, dass die Kunst des Menschen in dem Sinne eine Schülerin der Natur wäre, dass die ersten Künstler, deren Beispiel folgend, in Stein Holz und anderen Materialien mancherlei Gebilde ausgeführt hätten, wie sie selber ja in den Platten mit fossilen Fischen, Dendriten

u. dergl. als Malerin aufgetreten sei. Die erste Spur solch' baroker Anschauung hat sich selbst schon in Lionardo da Vinci's Trattato della pittura verirrt, wo den Schülern empfohlen wird, aus dem Gewölk oder aus Flecken an nassen Wänden allerlei Gebilde herauszustudiren. Auch gedenkt bereits Leon Batista Alberti (della pittura, Quellenschriften, XI, pag. 17) der Centauren- und bärtigen Königsgesichter in den Bruchstellen von Marmorstücken und knüpft daran den Gedanken: anzi la natura medesima pare si diletti di dipignere. Ganz ähnlich sucht er auch den Ursprung der Sculptur dahin zu erklären, dass zufällige Bildungen und Formen an einem rohen Stoffe die Menschen zuerst auf den Gedanken gebracht haben werden, durch geringe Veränderungen daraus etwas Vollkommenes zu gestalten: ex trunco glebave et hujusmodi mutis corporibus fortassis aliquando intuebantur lineamenta nonnulla, quibus paululum immutatis persimile quidpiam veris naturae vultibus redderetur (ibid. pag. 169). Zahlreiche Schriften des 18. Jahrhunderts beschäftigen sich mit einer der Sache nicht zukommenden Gründlichkeit mit dergleichen Dingen, unter Anderen sehr eingehend z. B. M. Johann Dauw in seinem „wohlunterrichteten und kunsterfahrenen Schilderer und Maler", dessen von Carl Bertram in Kopenhagen und Leipzig im Verlag der Rothischen Buchhandlung herausgegebene zweite Auflage von 1755, 8., mir vorliegt.

Dieser sehr gelehrte, citatenstrotzende Autor preist nun zwar im dritten Paragraph ebenfalls Gott als den „ersten Urheber dieser Kunst", doch sind seine diesbezüglichen Argumente von jenen des naiven Mittelalters sehr verschieden. Er nimmt die Sache nicht in jenem poetisch-philosophischen Sinne wie ein Wolfram, wenn dieser so schön sagt: es lag die Gottes Kunst an ihm, sondern ganz pedantisch bibelfest, indem er die Stellen zusammenbringt, wonach Arche Noah's, Stiftshütte, ja auch das Veronica-Bild und die Abgarusbilder den Beweis für des Höchsten Künstlerschaft liefern sollen. Im nächsten Paragraph dagegen handelt Verfasser von der Natur, welche „nächst dem grossen Schöpfer" die Malerkunst erfunden habe und häuft sofort (pag. 22—60) eine unendliche Menge von Beispielen möglicher und unmöglicher Qualität, woraus die obige These erweisbar hervorgehen soll. Achate, auf denen der Gestirnkreis zu sehen war, St. Jacob und Johannes in Felssteinen, Crucifixe, welche sich beim Durchsägen in Baumstämmen fanden, etc. etc. werden aus Hunderten von Raritätenkammern und Kupferwerken angeführt, Dinge, von denen es damals neben den wirklich werthvollen Kunstwerken in den Sammlungen wimmelte, und die man noch viel höher schätzte als Schöpfungen Raphael's oder Albrecht Dürer's. Die ganze Anschauungsweise dieser Spätzeit steht jener des Mittelalters schroff gegenüber wie Prosa und Poesie, Nüchternheit und Begeisterung, Materialismus und Idealismus. Jene ältere war ebenso die Lehre der Kirche als Glaube der Künstler und des Volkes überhaupt, diese spukte in einigen gelahrten Häuptern, welche sich wol viel darauf einbilden mochten, gewiss aber keinen Künstler zu ihrem Glauben bekehrt haben dürften!

Die mittelalterlichen Quellen haben eine eigene Art Bezeichnung für die höchste Vollendung eines Kunstwerkes, die sie in der Regel mit dem Satze ausdrücken, dass das Gebilde auf den Beschauer wirkte, als wenn es leben würde. Ein derartiges Wort kann auf den ersten Blick nur für den Ausdruck einer decidirt naturalistischen Kunstanschauung gelten, denn wir stossen auch noch heute, da ja leider vor Allem ein stilloser Begriff von der Kunst allgemein herrschend geworden ist, in den Kreisen der grossen Menge auf denselben, beinahe sprichwörtlich gewordenen Ausdruck: dass ein Werk gar so schön sei, weil es wie lebendig, ganz natürlich wäre. Ziehen wir nun die erhaltenen Kunstproben der romanischen Periode selbst zu Rathe, so bestätigen, nach unserer modernen Ansicht, ihre Eigenthümlichkeiten ein derartig vom naturalistischen Standpunkt gefälltes Urtheil mit Nichten; im Gegentheil, wir finden die Gestalten des 12. und 13. Jahrhunderts vielmehr im äussersten Grade stilistisch, gebunden, typisch, und haben uns zu der Phrase gewöhnt, dass die Kunst jener längst vergangenen Tage sich bewusst in gleichbleibenden, gegebenen Formen bewegte, dass sie eine gewisse idealistische Norm den Vorzügen erreichter Naturwahrheit vorzog und erklären uns solches aus allen möglichen, vom heutigen Gesichtspunkt der Theorie hineingetragenen religiösen, philosophischen und ästhetischen Gründen.

Ein Blick in die Quellen der alten Zeit selber belehrt uns aber wol eines Anderen. Wie es scheint, war immerdar, so wie auch heute, im populären Kunstglauben das Erreichen höchster

Naturwahrheit das höchste Ziel der Kunstthätigkeit, nur muss man nicht glauben, dass das Auge, womit die Menschen der verschiedenen Jahrhunderte auf jenes Ziel hinblickten, stets dasselbe gewesen sei. Wo die Fähigkeit der manuellen Mache zu ihrer Erreichung noch nicht auslangte, war immer die Kraft der nachhelfenden Phantasie um so grösser, während heutzutage letztere Gabe um so mehr in Unthätigkeit versetzt ist, je mehr die Hand des Künstlers sich abmüht, raffinirte Täuschungen zu vollbringen. Das Resultat bleibt aber wol in beiden Fällen dasselbe. Zum Beweise dessen müssen wir uns nur einfach in unsere Kinderzeit zurückversetzen, in der ein roh geschnitztes Spielwerk, eine gekleckste Puppentheaterdecoration uns täuschender mit allem Zauber der Wirklichkeit zu umfangen im Stande war, als heutzutage die künstlichsten Mechanismen und Decorationen der grossen Oper, an denen unser, von allen Einmischungen der Phantasie unbeirrter Verstand bei so vielen Anstrengungen der Technik doch sehr selten nichts auszustellen und zu bekriteln findet.

So erwähnt z. B. Wirnt von Gravenberg in seinem Wigalois (zwischen 1208 und 1210) an einem Gewandschmucke die Sculptur eines Amor, wahrscheinlich in einem edlen Steine, mit den Worten:

— der herre Amor (831.)
ergraben meisterliche
rehte dem geliche
als ez leben solde.

Im Wigalois begegnet ferner eine Beschreibung von einem Schilde. In einem goldumrahmten Feld stand eine Säule von lâzûre vnd von golde die glaste als ein glas. Auf ihr sass Machmet, der Heidengott, als er leben solde. Oder:

hirszen und hinden stunden auch dar an (Hugdietrich 64.)
von dem roten golde, sam si das leben han.

Und derlei Stellen wären zu Dutzenden aus gleichzeitigen Dichtern beizubringen. Ganz besonders klar spricht die Werthschätzung des Naturwahren in Kunstdarstellungen Hartmann von Aue im Erek aus, wo es in der Schilderung eines gemalten Zeltpavillons heisst:

dâ stuonden entworfen an (8907.)
beide wip unde man,
und die vogele sam si flôgen,
doch si die liute dar an trôgen.

Man sieht also, dass auch ohne Kenntniss des classischen Alterthums und literarische Reminiscenzen von daher, so gewaltig ferner auch die Kluft zwischen den Gemälden des Zeuxis und der Stickerei eines mittelalterlichen Seidennaters sein mag, die Ausdrücke und Bezeichnungen für höchste Kunstschönheit, id est in diesem vulgären Sinne, Naturtreue, sich bis auf's Aeusserliche gleichbleiben.

Niemand unter den Heutigen wird den Gemälden Giotto's nachsagen wollen, dass sie im Sinne eines realistischen Kunstwerkes geeignet seien, das Materielle täuschend zur Wahrnehmung zu bringen. Wir sehen vielmehr bei allem Streben nach natürlicher Wahrheit des Ganzen im Kunstwerke ebendieses Streben im ideellen Theile desselben zwar auf bestem Wege, im stofflichen jedoch noch wenig entwickelt, wie das eine so einfache Technik, der Mangel des Naturstudiums, der anatomischen und Perspectivkenntnisse etc. zur Folge haben musste. Wie nun urtheilen die alten Autoren über diesen Punkt? Genau wie die antiken über Zeuxis, wie ein Scheurl über Cranach, wie unser Volk über ein modernes, realistisches Gemälde. Ghiberti sagt von dem Meister: arecò l'arte naturale, Villani: trasse ogni figura ed atti al naturale; Boccaccio berichtet, Giotto habe, was die Natur hervorbringt, dieser so ähnlich nachgebildet, dass seine Malerei nicht wie wirklich, sondern wie Wirklichkeit selbst schien, und die Grabschrift lässt den Meister selber sagen: naturae deerat nostrae, quod defuit arti. Man muss diese kurz und bündig gegebenen Aussprüche auch ohne Umschweife nehmen, wie sie gemeint sind, ohne sich dadurch helfen zu wollen, dass man, wie z. B. Rumohr (ital. Forsch., II, pag. 46), annimmt, dem gelehrten Boccaz müsse da „ein antikes Malermärchen" eingefallen sein. All' den hunderten gleichlautenden Aussprüchen der gesammten alten Zeit, einem deutschen Minnesänger der Hohenstaufenzeit, einem Wirnt von Gravenberg, steckt keine classische Reminiscenz unter. Ich bin daher im vollsten Widerstreite gegen den genannten Kunstforscher, wenn er (l. c.) bemerkt: „So lebhaft Giotto die Phantasie seiner Zeitgenossen anregen mochte, so konnte er doch schwerlich sinnliche Täuschungen hervorbringen." Ganz gewiss war das der Fall, und zwar nicht allein bei Giotto, sondern ebenso bei den Künstlern der Externsteine und den irischen Miniaturmalern. Es wäre doch nicht gut denkbar, dass jemals eine Epoche Kunstleistungen acceptirt hätte, welche ihr mit dem resignirten Bewusstsein ihrer Mangelhaftigkeit nach der Seite der sinnlichen Wahrheit, davon abgesehen also, blos aus anderen Ursachen bedeutend und werthvoll hätten scheinen sollen. Jedes Zeitalter würde Schöpfungen, deren Wirkung eine derartig einseitige schiene, deren Mängel seiner Anschauung fühlbar gewesen wäre, einfach zurückgewiesen haben, sowie sie der Schöpfer bei gleichem Empfinden gewiss nicht an's Licht gestellt hätte. Die alte Zeit hatte das Verlangen nach der Erkenntniss realistischer Wahrheit im Gebilde, sonst bediente sie sich nicht fortwährend jener Ausdrücke, und, weil sie es that, muss sie in ihrem Verlangen sich auch vollkommen befriedigt gefühlt haben.

Gehen wir einen Schritt weiter, um das Gebiet der Renaissancekunst zu betreten, so häufen sich natürlich in Folge der classisch-antikisirenden Richtung der Zeit derlei Anekdoten von ausgezeichneten Malern und den durch' ihrer Pinsel Werk erzielten Täuschungen. Zum Theil sind es dann pure Uebertragungen der von Apelles, Parrhasios, Zeuxis etc. bekannten Ueberlieferungen, zum Theil wird in diesem Stil dann mit einiger Variirung frei nachgedichtet. Es geht über den Rahmen unserer Aufgabe hinaus, solchen meist in späteren Schriften angesammelten Geschichten nachzugehen, wie sie unter Anderen vorzugsweise de Piles, Misson's ital. Reisen, Zeiler, Garzoni, aber auch schon J. Pauli (CCCCX) erzählen. Die Fliege, welche nicht verscheucht werden kann, weil sie auf die Tafel gemalt ist, das Hündchen, welches des Herrn Porträt lecken will, die Stute im Bild, welche ein Hengst bespringen will, das Siegelwachs, welches Einer aus dem Gemälde herausnehmen möchte, um es zu gebrauchen, der gemalte König, vor dem die Hofbeamten Reverenz machen, der scheinbare Riss in der Leinwand, den Jemand verkleben will — das sind die üblichsten Stückchen dieser Anekdotenliteratur, welche mit jenen einfachen mittelalterlichen Bemerkungen doch noch immer das Entzücken über naturalistische Vollkommenheit des Malwerkes gemein haben. Ein Beispiel für das Gesagte ist unter Anderem die Rede des Dr. Scheurl, worin Werke Cranach's in ähnlicher Weise gepriesen werden: Oratio Doctoris Scheurli attingens litterarum praestantiam, nec non laudem Ecclesiae Wittenbergensis, Lipsiae, per Martinum Herbipolensem (Landsberg) 1509 mense Decembri. 18 Bl. in 4.

In Torquato Tasso's Gerusalemme liberata lebt noch die mittelalterliche Anschauung; auch er preist die kostbaren Bildwerke in Armiden's Zauberschlosse:

> Fermar ne le figure il guardo intento, (XVI. 2.)
> Che vinta la materia e dal lavoro:
> Manca il parlar, di vivo altro non chiedi,
> Ne manca questo ancor, s'a gli occhi credi.

Feinere Geister der Renaissance, besonders in Italien, drücken ihren Kunstenthusiasmus geschmackvoller aus und gehen gern an derlei handgreiflichen Belegen der Tüchtigkeit vorbei, um auf eine mehr idealistische Weise die Erreichung der geistigen Lebenswahrheit im Porträt zu preisen, neben der sie die physische als selbstverständlich verschweigen. So besingt Bembo ein Bildniss von der Hand Giovanni Bellini's:

> O imagine mia celeste e pura,
> Che splendi più del sole agli occhi miei
> E mi rassembri il volto di colei,
> Che scolpita hò nel cor con maggior cura,
> Credo che'l mio Bellin con la figura
> T'habbia dato il costume anco di lei,
> Che m'ardi s'io dimoro, e per te sei
> Freddo smalto, cui giunse alta ventura.

Bernardo Tasso weiss in einem ähnlichen Falle sich ganz besonders geistvoll zu benehmen. Er besingt das Porträt Giulia's vom Hause der Gonzaga und drückt dabei, anknüpfend an die in diesen Zeilen erörterte fromme Vorstellung von Gottes directer Künstlerschaft, den Gedanken aus, dass das irdische Kunstwerk nur zum geringeren Theil zu erreichen vermöge, was der grosse Künstler des Himmels in dem lebendigen Wesen selbst geschaffen hat:

> Non Fidia, Apelle, o che pinse, e scolpiò
> Meglió in duri metalli, in marmi, ò in carte
> Di questa vera imagine di Dio
> Abbiam saputo far la minor parte.

Derartige Bewunderung trägt indess noch immer das Gepräge des Gemässigten. Das Menschenwerk erscheint dabei stets noch der Schöpfung Gottes oder der Natur nachgeahmt und steht am höchsten, wenn es diese idea di Dio, diese gotes kunst, im

Materiellen erreicht. Aber daneben begegnen wir auch schon Aussprüchen extravaganter Schwärmerei für die Kunst, deren hochgehender Enthusiasmus endlich die Imitation der Künstlerhand über das lebendige Original setzt. Am charakteristischsten ist in dieser Beziehung der fast leidenschaftliche Francesco Colonna in seinen überschwenglichen Kunsttiraden, welche er in der Hypnerotomachia Poliphili zusammengestellt hat. Das wunderliche Buch enthält ein höchst merkwürdiges Beispiel von übertriebener, hyperidealistischer Kunstbegeisterung, indem der Held einmal in die Gelegenheit kommt, in Gegenwart herrlicher Nymphen an der Wand zugleich künstliche Bilder von Nymphen zu betrachten. Da bricht er in folgende Worte aus:

> O quanto exquisitamente sculpte mirava le dicte imagine che piu fiate gli occhii mei delle vere et reale deviare concedeva et riportarli ad le fincte. (8. Cap.)

Minder decidirt, ja man könnte wol sagen, ostentativ, aber immerhin bewusst genug, drückt sich auch in der Folgezeit die stets stolzer werdende Kunst im Preis ihres Vermögens aus. Namentlich das 17. und 18. Jahrhundert macht gar kein Hehl mehr daraus, dass der Meister die Natur weit hinter sich gelassen habe, oder, dass sie neidisch zu dem Menschenwerk aufblicke. Selbst bei Shakespeare hat eine so beschaffene Stelle Eingang gefunden, welcher im Cymbelin ein Kaminstück folgendermassen charakterisirt:

>   never saw I figures   (II. 4.)
> So likely to report themselves; the cutter
> Was as another nature, dumb; outwent her,
> Motion and breath left out.

Freilich nennt derselbe Dichter auch keinen Geringeren als Giulio Romano im Wintermärchen den Affen der Natur —

>   could put breath into his work, world   (V. 2.)
>   beguile the nature of her custom, so perfectly he is her ape.

eine Benamsung, welche übrigens schon dem altitalienischen Giottino als Epitheton ornans zutheil geworden.

Noch möchte ich zum Schlusse des Capitels einer Aeusserung über den Ursprung der Malerkunst gedenken, welche ihrer Originalität und Schönheit wegen Beachtung verdient, wenngleich sie

blos ein poetischer Einfall und von ihrem Autor nicht ernst
gemeint ist. Sie gehört dem geistreichen und gelehrten Alberti an,
welchem die Fabeln der Alten von der Tochter des Dibutades
und anderen mythischen Urhebern der Künste bekannt waren, auf
Grundlage dessen er dann in demselben antiken Stile eine neue
Erklärung der Erfindung gibt, die uns überaus verständig und
geistvoll bedünkt. Die Stelle findet sich Della Pittura, Quellenschriften, XI, pag. 91:

> Però usai di dire tra i miei amici secondo la sentenzia de' poeti quel
> Narcisso convertito in fiore, essere della pictura stato inventore. Che gia
> ove sia la pictura fiore d'ogni arte ivi tutta la storia di Narcisso viene a
> proposito. Che dirai tu essere dipigniere altra cosa che simile abracciare
> con arte, quella ivi superficie del fonte?

II.
DER KÜNSTLERRUHM.

Wir haben an den gleichzeitigen Aeusserungen der Dichter und Erzähler, wo sie auf Kunstwerke zu sprechen kommen und wie dieselben nach Tradition und Gewohnheit ein stereotypes Gepräge für jegliche Periode erlangten, ein ziemlich treues Spiegelbild von den Veränderungen, welche mit der Kunst und ihrem innersten, geistigen Wesen im Lauf der Jahrhunderte vor sich gingen. Der Meister des Mittelalters, welcher demuthsvoll seinen Namen verschweigt und ihn nicht würdig erachtet, an dem der Gottheit geweihten Werk zu prangen, schreibt indess seine Kunst ihrem Ursprung nach von dem Höchsten selber her, während die Periode des Zopfes, ja schon jene der Renaissance, das Individuum überall in den Vordergrund schiebt und selbst die Natur durch das Menschenwerk in Schatten gestellt erachtet.

Bis zu einem gewissen Grade hat die hier untersuchte Frage, wie die alte Zeit selbst über ihre Kunst und über ihre Künstler dachte, Dr. Anton Springer in seiner meisterhaften Arbeit: de artificibus laicis et monachis medii aevi (deutsch in den „Mittheilungen der k. k. Centralcommission zur Erforschung und Erhaltung der Baudenkmale", Wien 1862, pag. 1 ff.) beantwortet. Seine fleissige Untersuchung lichtete zuerst das Dunkel, welches über die Betheiligung des Laienstandes an Kunstarbeiten im früheren Mittelalter ruhte und zeigte, dass nicht nur neben den Klosterofficinen zahlreiche weltliche Hände bei Bauten und Malereien, sowie in allen Kunstgewerben thätig waren, sondern auch, dass letztere stets das Plus der beschäftigten Kräfte ausmachten und auch in den Klöstern ihre Hilfe regelmässig in Anspruch genommen war, wennschon sie in älterer Zeit nur als Hörige und Leibeigene, nicht als geschlossene freie Zunft, wie später in den Städten, auftraten. Was uns speciell an der Sache interessirt, ist Folgendes. Die Künstler weltlichen Standes unterscheiden sich, wie aus Springer's emsig gesammeltem und reichem Materiale hervorgeht, nicht blos dadurch von den Klosterbewohnern, die der Kunst huldigten, dass in monumentalen Inschriften oder urkundlichen Anführungen bei ihren Namen die den geistlichen Stand bedeutenden Beiworte mangeln, sondern, neben diesen äusserlichen Unterscheidungsmerkmalen auch noch durch ein ganz besonderes innerliches, durch Epitheta des Lobes über ihre Geschicklichkeit, ihre Kenntnisse. Gegenüber jenen Aussprüchen und Ausbrüchen der grenzenlosesten Demuth, Ichlosigkeit und Werthlosigkeit, wie sie bei Klosterkünstlern nach dem Muster des Theophilus an der Tagesordnung sind, vergisst schon im frühen Mittelalter der Laie nicht, seinen Werth, sein Können, seinen bereits erlangten Ruhm mit Befriedigung selber anzuführen und stolz darauf hinzuweisen, indem er Inschriften derartigen Inhaltes seinem Werke beifügt. Und indem derlei in weltlichen Künstlerkreisen zur allgemeinen Sitte geworden war, versagt denn auch die chronikale oder urkundliche Erwähnung dem Meister hervorragender Schöpfungen selten einen so beschaffenen Preis. Somit ist also nicht allein die Kunstlosigkeit der Laien im Mittelalter eine Fabel, sondern nicht minder auch die oft besprochene Negirung des Ruhmes und Verdienstes, eben weil nicht Mönche allein den Meissel und Pinsel geführt haben. Ja, es begegnen, besonders unter den Aufschriften der Werke, in jenen weitentlegenen Tagen recht vollklingende Beweise stolzen Selbstbewusstseins der Meister, welche nach Allem eher, als nach mönchischer Selbstverleugnung schmecken. Von Rainaldus, dem Einen Erbauer des Domes von Pisa (nach 1063) heisst es in der Bauinschrift: Hoc opus tam mirum tamque pretiosum Rainaldus prudens operarius et ipse magister constituit mire solerter et ingeniose; von Lanfrancus am Dome von Modena (1099):

> Ingenio clarus Lanfrancus doctus et aptus
> Est operis princeps hujus rectorque magister.

Man könnte ob des stolzen Tones solcher Worte wol der Meinung sein, dass Inschriften der Art wahrscheinlicher eine dankbare Mit-

(oder Nach-)welt gewidmet habe, aber es scheint doch, dass die Meister dort in erster Person für und von sich selber sprechen, denn erwiesenermassen von Anderen ihrem Verdienste geweihte Preisinschriften lauten meist anders, vornehmlich, indem sie sich durch die directe Wendung an das Publicum, dem der Meister gerühmt wird, unterscheiden, z. B.

> opus quod videtis, bonus micus (Amicus) magister fecit,

oder durch die Anrede in der zweiten Person:

> inter sculptores quanto sis dignus honore
> claret sculptura nunc Willigelme tua.

Allerdings reichen derlei Kriterien zur sicheren Sonderung selbstgewählter und gewidmeter Inschriften nicht aus, und fällt uns heute ein bestimmtes Urtheil darüber schwer; was unsere Untersuchung am meisten berührt, geht doch jedenfalls aus ihnen allen hervor, nämlich die Thatsache, dass dem Schaffen des Künstlers schon in jener frühen Zeit die höchste Achtung, seinem Können die ausbündigsten Lobesprädicate ertheilt werden.

Lassen wir diese schmückenden Beiworte ein wenig Revue passiren, so stossen wir in den häufigsten Fällen auf Ausdrücke geistiger, seltener manueller Vorzüglichkeit. Der Künstler wird genannt: ingenio clarus, doctus, prudens, exiguus, peritus, praecipuus, sapiens, spectabilis, studiosus, diligens, gnarus, nobilis, egregius. Einhart heisst gar variarum artium doctor peritissimus, und Winihart von St. Gallen erhält den Ehrentitel: Daedalus, sowie wieder Einhart und Andere dem biblischen Beselel zur Seite gestellt werden. Dagegen scheinen mir die Epitheta sollers und aptus seltener zu begegnen, so dass die Werthschätzung des Künstlers fast mehr nach dem Schnitt des Gelehrtenlobes bemessen auftritt. Der Umstand, dass der Gelehrte und Schriftsteller Einhart auch der Künste Doctor gepriesen wird, wirft darauf wol ein besonderes Licht; das dem Manne der Wissenschaft eigentlich zukömmliche Lob ist auch für den Künstler das höchste, und da damalige Wissenschaft und Theologie sich im grossen Ganzen decken, verspüren wir in solcher Art Künstlerpreises denn doch wieder den Geist der Religiösen, mögen auch Weltliche mit jenen Lobeserhebungen gemeint sein. Die deutschen Gedichte bedienen sich fast nur der beiden Ausdrücke weise und listig für den

Künstler — welch' letzteres Wort im mittelalterlichen Sinne bekanntlich der heutigen minder idealen Bedeutung noch entbehrte, — schliessen sich somit der Anschauung und Auffassung in obigem Sinne vollends an, wenn sie auch an dem Werke selbst fast nie etwas Anderes zu rühmen wissen als seine Naturwahrheit, das: als ez lebete!

Es erübrigt in diesem Betrachte noch der allerdings selten vorkommende, aber wol umsomehr wichtige Künstlerwahlspruch. Selbstverständlich haben wir ihn vor dem Freiwerden der Kunst aus den kirchlichen Banden und vor dem Bewusstwerden der Individualität nicht zu suchen, d. h. er begegnet erst mit dem Triumph der gewöhnlich die realistische genannten Kunst des 15. Jahrhunderts. Unter den Ersten tritt denn auch der Bannerträger der neuen Richtung, Jan van Eyck, mit einem solchen bedeutsamen Motto auf, dessen Sinn zugleich auch die Tendenz aller späteren Sentenzen derartiger Bestimmung charakterisirt. Als ich chan! So viel ich es beobachtet habe, tragen alle bekannten Künstlerdevisen, die uns aus dem 15. und 16. Jahrhundert erhalten sind, ein ganz subjectives, persönliches Gepräge, kein solches, das auf eine specielle Kunstanschauung hinzielt, sondern meistens eine bescheidene Vertheidigung des Künstlers gegen die Tadler allein ausdrücken will. Fast immer ist in diesen deutschen Sprüchen — und ich kenne keine anderen, abgesehen von demjenigen des van Eyck — der Gedanke dargelegt, dass der Meister in seiner Leistung geboten habe, so viel und so Gutes als er vermochte; ein Schelm gibt mehr als er hat. Stolzes und Rühmens sind diese Aeusserungen immerdar ledig, was uns den eben besprochenen mittelalterlichen Inschriften gegenüber befremden könnte, doch muss wol in's Auge gefasst werden, dass alle bisher bekannten Künstlerwahlsprüche des 15. und 16. Jahrhunderts aus einer Zeit des Ueberganges der Stile, des Kampfes und der Gährung zwischen abgelebten und siegreichen neuen Kunstweisen herrühren, während jene des 10. und 11. einer Periode angehören, in der es in aller Welt nur Eine unangefochtene Kunst gab, welche unter den Fittichen der Kirche von seltenen und darum hochgeschätzten Menschenkindern geübt wurde. Van Eyck's: als ich chan, klingt wie die frische und franke Apologie eines neuartigen Strebens, das sich nun einmal gibt, wie es ist, möge das Urtheil der Zeit günstig oder tadelnd ausfallen über die kühne Reformthat. Ein österreichischer Meister Namens Pfenning nimmt im 15. Jahrhundert denselben Spruch an, sein Bild, gewiss einer der frühesten Versuche, den neuen Stil der grossen Niederländer hier im Südosten Deutschlands einzubürgern, ein Werk der Neuerung, dem diese bescheidene Empfehlung darum sicher mit Absicht und Vorsicht auf den Weg mitgegeben ist, befindet sich in dem kunsthistorischen Museum des A. H. Kaiserhauses zu Wien. Auf einem Altarwerk zwischen Calw und Pforzheim, in Tiefenbach, steht, von dem Verfertiger, dem Maler Lucas Moser von Weil 1431, geschrieben: Schrie kunst, schrie und klag dich ser: din begert jecz Niemen mer, — eine Herzenserleichterung, welche Kugler („Handbuch der Geschichte der Malerei", I, pag. 289, n. 1) sehr richtig daraus erklärt, dass der ältere Meister damit der zu seiner Zeit allmälig abblühenden idealistischen deutschen Kunst, welche dem Realismus aus dem Norden das Feld zu räumen begann, einen Klageruf widmet.

Der wahrscheinlich aus Tirol stammende Meister Wolfgang Haller, welcher den prachtvollen, bemalten und geschnitzten Flügelaltar in Heiligenblut in Kärnthen 1520 vollendet hat, schreibt auf dessen Schrein die Worte: Andre jar andre war. Was Anderes soll dies bedeuten, als die leise Klage über das Aufkommen der damals in jener südlichen Provinz Oesterreichs bereits kraftvoll einwirkenden Renaissance Italiens, von deren Stil sich übrigens trotz der Verwahrung des Meisters gegen „andere Waare" in den offenbar von Gesellenhand herrührenden Flügelbildern des sonst üppig spätgothischen Altars bereits einige Spuren eingeschmuggelt haben. Um diese Zeit beginnt, durch den humanistischen Einfluss, die Wahl der Künstlermottos sich auch classischer Vorbilder zu bedienen, aber das alte van Eyck'sche: als ich chan! sieht aus der antikisirenden Hülle immer noch heraus. So lesen wir auf der dem (nach Woltmann, „Hans Holbein und seine Zeit", II. Auflage, pag. 87 ff.) älteren Holbein zuzuschreibenden Madonna des Pfarrers Schmitter-Hug in St. Gallen: Carpet aliquis citius quam imitabitur, einen dem Zeuxis oder Apollodor angehörigen Vertheidigungsspruch. Gewiss hatte denselben auch David Dannecker im Sinne, als er 1579 die poetische Vorrede zu dem von ihm veranstalteten Wiener Stamm- und Gesellenbüchlein schrieb. (Siehe den Vortrag des Verfassers, abgedruckt in den „Mittheilungen des Vereins für Landeskunde von Niederösterreich", VIII. Jahrg., pag. 200 ff.). Diese Vorrede zeugt von hohem Selbstgefühl des wackeren Formschneiders, welcher bekanntlich auch zu Holbein's Todtentanz in Beziehung steht. Er verspricht in seinem vorliegenden Werke dem Leser unter Anderem zu zeigen:

> wie Gott den Menschen mit verstandt | begabt und mit kunstreicher handt. | Das er Gottes Geschöpff vnd Sachen, | kan ein Abkonterfeyung machen.

Den Tadlern aber gibt er folgende schöne Lehre, die wir auch der werthen Gegenwart auf verschiedenen Gebieten des Wissens und der Kunst wärmstens recommandiren können:

> Also ich kain zweyffel hab,
> Man wirdt noch finden sollich Gsellen,
> die Maister vber als sein wöllen.
> Zu frech vnd rhümig ist das Maul,
> In Kunst vnd Werken sind sie faul.
> Offt verachtet mancher Mann,
> ein Ding, welches er selbst nicht kann.
> Viel balder ist ein Kunst veracht,
> denn nach than oder besser gemacht.

Also stossen wir am Schlusse wieder auf die Verdeutschung des vorgenannten classischen Malerwahlspruchs.

Fast immer sind es diese Worte der Abwehr oder der Resignation, welche gebraucht werden, wenn der Meister es gewagt hat, etwas Neues auf die Bahn zu bringen und des Erfolges sich nicht vollkommen sicher fühlt. Dem heiteren Geiste des Säculums, wie er sich in der scherzhaften Literatur damals äussert, begegnet man da häufig auch aus Malers Mund mit all' der Drolligkeit und kurz angebundenen Derbheit, wie sie sonst im Fastnachtsspiel und Schwänken aufzutreten belieben. Sehr charakteristisch bedünkt mich z. B. die humorvolle Strophe, welche der Goldschmied und Radirer Christoph Jamnitzer in Nürnberg auf dem Titelblatt einer Suite Ornamente angebracht hat. Dieser Künstler ist ein Original sonderlichster Art. Obwol im Getriebe der deutschen Renaissance mitteninne stehend, hat er sich doch selber eine ganz aparte Welt geschaffen, grillenhaft, seltsam und wunderlich, ein Ornament, das halb auf den hergebrachten antikisirenden Grundlagen beruhend, im Eigenthümlichen jedoch gegen alles Bestehende launenhaft genug contrastirt. Christoph Jamnitzer fertigte ein Groteskenwerk in drei Folgen, deren eine „New Grotessken Buch", die andere der „Schnackenmarkt", die dritte der „Radesckisch Radesco Baum" heisst. Das tollt und schwirrt abenteuerlich wie ein Hexensabbath durcheinander, in krebs-, grillen- und käferartigen Gestalten und schliesst sich dabei im ornamentalen Detail dennoch an die hergebrachten Muster der Renaissance an. Bei so befremdlichen Motiven ist er gar wol befugt, folgenden Spruch dem Werke als Prolog beizugeben und dabei anzudeuten, dass auch seine Kunst in der Verehrung der Antike wurzle, dass hier aber ein launiger grillenhafter Künstlergeist mit dem Alten die wunderlichsten Neuerungen in Verbindung zu setzen gewusst habe, die Jeder hinnehmen möge, wie ihm gutdünkt. Es heisst da:

> Ein Vralt Antiquischer Tempel
> Vol Nagelnewes seltzams grempel
> Dienstlich für all so Künst belieben
> Von Neuen Jetzt herfür getrieben
> Hoff nicht dass soll ohn Frücht abgehn
> Wems nich geliebt der lass es stehn.

Ein Elfenbeindrechsler des 17. Jahrhunderts, Johannes Eisenberg, den wir, laut Pokal-Inschriften in den kais. Sammlungen in Wien, zu Gotha in Diensten August's, Pfalzgrafen bei Rhein, um 1630 treffen, bedient sich einmal des Spruches: Kunst macht Gunst, Gunst erhelt die Kunst. Ein anderer Becher aber zeigt die einfach-bescheidenen Worte: Gott allein die Ehr.

An solchen Anspielungen auf die erhoffte Huld der Grossen kann in persönlichen Mittheilungen, Aufschreibungen und Devisen der Künstler seit dem 16. Jahrhundert selbstverständlich kein Mangel sein, vielmehr häufen sie sich bis zum Ueberdruss und Ekel, sowie zur Unehre der Kunst immer mehr. Ich hebe indessen einen Fall hervor, in welchem der Meister mit der üblich gewordenen Bettelei um hohe Protection noch gegen die Nebenbuhler und Anfeinder gerichteten frischen Muth und Kampflust in erquicklicher Weise verbindet. Es ist der treffliche Mathematiker und Goldschmied, Joh. Melchior Volkmair, am Wiener Hofe unter Ferdinand II. beschäftigt, von dem eine grosse und künstlerisch prächtig gearbeitete Maschine aus Silber ebenfalls die kais. Sammlungen bewahren. Ihren Inhalt bilden die mannigfachsten geometrischen und geographischen Instrumente, endlich auch ein Manuscript, welches über den Gebrauch der verschiedenen Messwerkzeuge ausführlich Anleitung ertheilt. In der Dedication an den Kaiser, den der Verfasser, gewiss mit gutem Grund, einen grossen Liebhaber der freien Künste nennt, heisst es am Schlusse:

> Will auch den Neidischen Mussgönnern vnd rhumgierigen Tadlern welchen nichts Zuviel ist, behagt noch gefelt, den was allein aus ihren henden kombt, hiemit gesagt haben, dass sie dise meine Arbeit so lang biss sie es besser aus Ihrer Werkhstatt bringen vngetadelt lassen.

Charakteristisch scheint es mir, dass dagegen die eigentliche Barokkunst es stets unter ihrer Vornehmheit und Würde gefunden hat, mit ähnlichen Herzensergiessungen hervorzutreten; sie hat mit der Naivetät eben nichts mehr zu thun, sie ist die Kunst des Welttons und der feinen Convenienz geworden.

Den stolzesten Ton schlägt ein mittelalterlicher Baukünstler an, der am Strassburger Münster als Werkmeister gearbeitet hatte. Es ist Johann Hueltz aus Köln, auf dessen Grabstein die Inschrift

> Nit höher die kunst

zu lesen ist. Hueltz starb im Jahre 1449. (Kraus, „Kunst und Alterthum in Elsass-Lothringen", pag. 394.) Uebrigens mag auch dieses Lob nicht Eigenlob, sondern Verehrung der Zeitgenossen sein und solche ausdrücken.

Hierher gehört wol auch der niederdeutsche Spruch auf den Steinkrügen mit dem kölnischen Wappen aus der zweiten Hälfte des 16. Jahrhunderts:

> Dit : is : ein : kvnst : die : kompt : avsz : gottes : gvnst :
> Wer : die : kvnst : noch : so : schon : so : moszen : sei : sich : geffen : zv : den : dott.

Sprüche solcher Art leiten uns auf das Gebiet des eigentlichen Volkssprichwortes, dessen beste Proben ja grösstentheils auch dem kernigen Sinne des 16. Jahrhunderts ihren Ursprung verdanken. Schlagen wir eine Sammlung von Sätzen dieser Art auf, so bietet sich eine Fülle diesbezüglicher Aeusserungen dar. Simrock's Sprichwörtersammlung (der deutschen Volksbücher 5. Band, Frankfurt a. M. 1846) enthält Nr. 6083—6102 Mehreres, das von unserem Gesichtspunkte Beachtung verdient: Kunst bringt Gunst. — Nutzbare Kunst bringt Brot und Gunst. — Kunst fischt nirgends umsunst. — Kunst geht nach Brot und findets. — Jeder spricht am liebsten von seiner Kunst. — Je schwerere Kunst, je mehr Pfuscher. — Die Kunst ist lang, das Leben kurz. — Wer die Kunst nicht übt, verliert sie bald. — Man bricht die Kunst nicht vom Zaune. — Kunst kann man nicht kaufen. — Grosse Kunst hasst man. — Der Kunst ist Niemand gram, als der sie nicht kann. — Wissenschaft und Kunst haben nie der Thoren Gunst. — Kunst hält fest, wenn Alles verlässt. — Kunst ist im Glück eine Zier, im Unglück eine eiserne Thür. — Kunst geht über Geld. — Kunst ist des Alters Zehrpfennig. — Kunst ist ein guter Zehrpfennig, man trägt nicht schwer daran. — Kunst ist gut über Feld zu tragen. — Kunst ist leicht zu tragen, aber schwer aufzuladen. — Kunstreiche Hand geht durch alle Land. — Jedem ist zu glauben in seiner Kunst. — Der Meister Einer Kunst nährt Weib und sieben Kinder, ein Meister aller sieben Künste nährt sich selber nicht. — Viel Kunst, viel Thorheit. — Kunst macht Narren. — Künstler sind die ersten im Narrenschiff. — Kunst steckt nicht in dem Kleide. — Kunst über alle Künste, seine Kunst zu verbergen. — Die Kunst bedarf des Glückes und das Glück bedarf der Kunst. Aus anderer Quelle fügen wir hinzu: Kunst steckt nicht in den Kleidern, sonst wär' sie bei den Schneidern. — Kunst geht vor Gespunst. — Kunst will Geräth haben. — Der grösste Schimpf der Kunst widerfährt, Wenn sie wem dient, der's hält unwerth.

Den Pfuscher in seinem Gewerbe verspottet das Sprichwort, wenn es sagt: Wer nicht malen kann, muss Farbe reiben. — Er ist ein kluger Maler; gerathen ihm die Engel nicht, so macht er Teufel daraus. (Simrock, 6771 f.) Dagegen gesteht es dem wahren Meister auch Rechte und Freiheiten zu: Maler und Poeten sind Freiherrn. — Der Maler kennt die Farben am besten. (6772 a f.)

Auch ein Stadtschreiner zu Frankfurt a. M., welcher ein „Neues Zieratenbuch den Schreinern, Tischlern oder Künstlern und Bildhauern sehr dienstlich" zu Nürnberg bei Paul Fürst herausgegeben hat, Friedrich Unteutsch, ein Barokmeister des 17. Jahrhunderts, spricht sein Selbstgefühl gegenüber kritischem Besserwissen in folgenden Versen (I. Theil, Bl. 50) aus:

> Diss sind von meiner Hand
> Gemachte Stück und Sachen;
> Wer was dergleichen kan,
> Der darf es besser machen!
> So hat er Ehr davon.
> Der hat genug gethan
> Der etwas, was er thut
> So gut macht als er kann.

Ganz ähnlich äussert sich Georg Haase, Hoftischler zu Wien, 1583 in seinem bei Stephan Kreutzer edirten Perspectivwerke, dass er „nicht mit andrer Vögel Federn zu fliegen begehrt, sondern mit seiner von Gott gegebenen Kunst, Fleiss und Nachtrachtung dies Werk zugerichtet".

Eine eigenthümliche Klage über den Verfall der Kunst und ihrer günstigen Lage enthalten die Verse, welche dem Bilde des Veyt Bildhawer von Hans Guldenmundt beigeschrieben sind. Man hat bekanntlich darin das Porträt des berühmten Nürnberger Künstlers Veit Stoss sehen wollen, welcher zuletzt an Arbeitsmangel gelitten habe. Das Blatt stellt einen Landsknecht mit der Hellebarde vor, die Reime des Hans Sachs lauten:

> Vil schöner Pild hab ich geschnitten
> Künstlich auf welsch vnd deutschen sitten
> Wiewol die Kunst yetz nimmer gilt
> Ich kündt dan schnitzen schöne pilt
> Nacket vnd die doch leben thetten
> Die weren weyt in Marck vnd Stetten
> So aber ich das selb nit kan
> Muss ich mit meiner Hellenparten
> Eyns grosmächtigen Fürsten wartten.

(Vergl. Nagler, Monogrammisten, III, 347.)

Wenn wir diese Stelle mit anderen, gleichzeitigen Aeusserungen über die Förderung zur Wollust und Sinnenreiz zusammenhalten, welche die unzüchtigen Darstellungen der Künstler bieten — Klagen und Tadelworte, die im 16. Jahrhundert auch in Deutschland sehr oft erhoben werden — so erscheinen diese Verse als herbste Ironie. Der Dichter, oder der Künstler, dem jener sie in den Mund legt, meint, dass auch die sinnlichsten Gebilde heute nicht mehr genügen, der Künstler müsste die nackten Gestalten auch noch mit wirklichem Leben beseelen können, damit sein

Schaffen vollen Beifall, sein Handwerk Absatz fände. Darin liegt auch eine sonderbare Steigerung im Hinblick auf die Kunstanschauung des Mittelalters; es genügt also nicht mehr, dass die Kunstwerke seien, als wenn sie Leben hätten, wie jene frühere Zeit verlangte, sie sollen physisch in ihrer sinnlichen Schönheit leben, weil nicht das Kunstinteresse es allein mehr ist, das nach ihnen verlangt, sondern ein raffinirteres, ein ungesundes Begehren.

Wieder anderer Art endlich lautet die Klage über Verfall der Kunst bei Walther Rivius im deutschen Vitruv, 1548; es geht auf den Mangel eines gebildeten Protectorates, wo der Verfasser bedauert, dass „nit allein dieser zeit treffliche künstner nit allein kein gebürliche ehr erlangen, sondern etwa ihr täglich brot nit darbey haben mögen, das den Teutschen Fürsten kein geringe schandt". (XCIV b.) Und bei Gelegenheit der antiken Wandmalereien bemerkt er: „Solche alte gewohnheit sollte auch billig von den Fürsten und Herren auch dieser zeit gehalten werden, fürnehmlichen in den schönen gewaltigen Palästen und Fürstenhöfen, damit etwan irer grosser sieg tapfferkeit und mannlichkeit anzuzeigen und fürzubilden der jugent, auch fürnemlichen irer nachkommen zu augenscheinlichem exempel und starker anreitzung".

III.

DIE ETHISCHE UND SOCIALE STELLUNG DES KÜNSTLERS.

Wir stossen in den Quellen selten auf Aeusserungen, wodurch der Stand des Künstlers, sein Gebahren, Thun und Lassen vom ethischen und moralischen Standpunkt beurtheilt würde, die wenigen aber, welche vorkommen, verdienen darum um so grössere Aufmerksamkeit. Der fromme Maler des Mittelalters ist ein besonderer Gegenstand des Hasses von Seiten des Teufels, und das aus dem Grunde, weil er denselben absichtlich — im Gegensatz zu den lieben, schönen Heiligen — so abscheulich als möglich darstellt. So heisst es im Vrouwenlop:

> ein maler malet an die want
> den tiuvel ungeschaffen,
> (Hagen, Minnesinger III., pag. 375.)

oder bei Joh. Pauli Schimpf und Ernst: hinter dem Altar,

> da stuont der tufel gemalet an einer taflen   (XCIV.)

und das Folgende. Das Hervorragendste in dieser Beziehung ist aber die alte Sage, welche ein unbekannter Dichter unter dem Titel Maria und der mâlaere in Verse gebracht hat, bei von der Hagen, Gesammtabenteuer (III. pag. 474 ff.):

> Ein Mâler hete scharfen sin
> ûf sîn ampt, durch gewin,
> darob er êrlich sich betruok:
> den sin er vestiklîchen sluok
> mit liebe ûf Unser Vrouwen.

Er malte einen umbehank und auf demselben die Königin so gut er nur immer vermochte, den Bösen jedoch

> uf daz hoeste ungestalt.

Der Teufel stellt ihn darob zur Rede und der erschrockene Künstler antwortet ihm:

> Deiswar, dû bist also swach,
> sô boese unde sô eislîch,
> kůnde ich noch wirs gemâlen dich,
> daz iesche an dir daz reht wol:
> sô ist min Vrouwe tugende vol,
> alsô schoene und alsô guot,
> daz sie mit aller kunst min muot
> sol mâlen ûf daz beste;
> ob ich iht schoeners weste,
> dan ich gemâlet hân alhie,
> daz wolde ich legen noch an sie
> durch ir wirdiklichez leben.

Hierauf will ihn der Teufel erzürnt vom Gerüste stossen, das Marienbild aber streckt die Hand aus und rettet den Maler. Vernaleken in seinen „Mythen und Bräuchen des Volkes in Oesterreich" (Wien, pag. 378) theilt eine noch lebendige Volkssage aus Bechin in Böhmen mit, welche ganz Aehnliches zum Gegenstande hat. Eine theilweise verwandte Geschichte von dem „ehrlichen und frommen Mahler Namens Oswald Stimmer", erzählt Harsdörfer in dem „Schauplatz Lust- und Lehrreicher Geschichte" pag. 364 ff. Eine seltsame Darstellung von einem Bildhauer und dem Teufel bringt Th. Whrigt in der „History of Caricature and Grotesque in Literature and Art", London 1865, p. 65. Siehe meinen Aufsatz „Volkssage u. Kunstgeschichte" in den „Mitth. der Centr.-Comm." 1871, p. CXLVIII.

Ein Gegenstück zu dieser Erzählung vom frommen Maler, aber gleichfalls echt mittelalterlicher Färbung, ist die wenig bekannte Fabel vom verzauberten bösen Maler, welcher im Gegentheil eine heilige Person absichtlich hässlich darzustellen sich unterfing. Johannes Pauli in Schimpf und Ernst (CCCCXIII) nennt ihn

> Samalio Pardulus, ist ein monster, laufft in den wald, sol ein halb rosz vnd ein halb mensch sein mit hörnern.

Als Maler schilderte er den Heiland absichtlich hässlich, weil ihn seine eigene Unschöne verdross,

> also kart im christus das gerist vmb da er uff malt, vnd fiel zv dôt.

Dass der Maler auch zur Satire der Zeitumstände die Hand leihen könne, ist eine erst dem späteren Mittelalter angehörige

Idee. Ich habe eine Stelle in Lassberg's Liedersaal im Sinne, wo ebenfalls der Teufel eine Rolle im Gemälde spielt, doch nicht mehr als Gegner des Künstlers, vielmehr als Ankläger des Gegenstandes der Satire:

> — wer nu an ain want (104.)
> malen wolt vil mangen pfaffen
> ez wirt wunderlich geschaffen.
> An der einen siten dan
> must ein tiufel gemalet stan
> vnd ain spiel brett in der hant etc.

Ueberhaupt nimmt indessen der Maler, auch innerhalb der eigentlich mittelalterlichen Epoche, in der er ein Handwerker unter anderen Handwerkern nach seiner bürgerlichen Stellung gilt, in der Sphäre dieser Gesellschaftsclasse eine der bevorzugtesten Rollen ein und es mangelt nicht an Bemerkungen und Andeutungen aus der Literatur, welche dies bekräftigen. Vor Allem spricht sich die Thatsache in dem Umstande aus, dass Dichter und Geschichtenerzähler mit Vorliebe den Maler als einen gewitzten Kopf, als gewandten, ja listigen Menschen schildern. Wir brauchen, was dies betrifft, nur auf die witzigen Einfälle hinzuweisen, die Sacchetti von Giotto erzählt, auf die drolligen und übermüthigen Streiche das Buffalmaco bei Boccaz, oder auf die zahlreichen lustigen Abenteuer und treffenden Antworten von Helden der Palette, welche Vasari in den Biographien so vieler italienischer Meister zum Besten gibt. Von den nordischen Künstlern steht uns ein viel zu ärmliches biographisches Material zu Gebote, als dass in gleicher Reichhaltigkeit auf bekannte Autoren hingewiesen werden könnte, aber es scheint, dass es sich nicht unders verhalten habe. Nirgends stossen wir in älterer Zeit auf Geringschätzung des Malerstandes, dem seine einstige hauptsächliche Vertretung durch geistliche Personen und seine religiöse Tendenz im Gegentheil stets einen gewissen Nimbus verlieh. Zwar, ein so hohes Lied von der Würde der Kunst, wie es der Künstlermönch Theophilus in der schönen Einleitung seiner Schedula diversarum artium anstimmt, begegnet uns später nicht wieder, als der Künstler mit dem Charakter des handwerklichen Meisterthums und dem damit verbundenen Streben nach irdischem Gewinn die einstige Weihe eines auf jenseitige Belohnung gerichteten Waltens verloren hatte, aber es dauert noch ziemlich lange, bis dann strafende Urtheile über den Stand der Maler laut werden, welche sie theils ihrem Fröhnen im Dienst der Ueppigkeit und Prachtliebe verdanken, theils dann durch eine der alten, bilderliebenden Religion feindliche Strömung unschuldig über sich ergehen lassen müssen. Vor Savonarola und den deutschen Reformatoren sind aber hierhergehörige Stellen allerdings selten.

Des Theophilus Worte klingen in dieser Hinsicht wahrhaft erhaben, grossartig. „Der niedre Priester, Knecht der Knechte Gottes, des Namens und Amtes eines Mönchs nicht würdig" spiegelt sich mit hoheitsvoller Demuth auch in allen seinen Kunstanschauungen. Er will nützen und erbauen durch Mittheilung der Kunstlehren, die ihm seine vom Höchsten verliehenen Kenntnisse zu geben befähigen, damit er nicht die Schuld, sein Pfund vergraben zu haben, auf sich lade. Die Vorstellung von dem ersten Künstler, Gott, lässt er zwar unausgesprochen, aber sie liegt ihm gewiss nahe, wenn auch seine Erklärung vom Ursprunge dieses Vermögens mit der Welterschaffung anhebt, wobei der Mensch „zum Ebenbilde und zur Aehnlichkeit Gottes" erschaffen wurde, Kunst und alle Fähigkeit aber als ein „erbliches Recht" besitze. Cennini's Gedankengang hat hiermit auffallende Verwandtschaft. Was Einer aber besitze, das solle er den Anderen freimüthig spenden, freilich „mit Demuth", sowie auch der Empfangende möge „demüthig zu lernen verlangen". Nur ganz leise klingt aus dieser mönchisch ichlosen Rede einmal das ein bischen erwachende Bewusstsein des Künstlers heraus, wenn Theophilus äussert, die von ihm Lernenden möchten „die ihm erzeigte Güte Gottes erkennen und seine Freigebigkeit bewundern". Des Teufels elende List, meint er, habe den Menschen zwar der Unsterblichkeit beraubt, seine Weisheit und seinen Verstand ihm aber gelassen, und indem diese Güter auf den Nachwuchs sich fortvererbten, so könne der Mensch doch nach altem erblichen Recht zum Genuss aller Kunst und alles Wissens gelangen. Immerdar seien diese Werke und Bestrebungen nur dem Dienste des Herrn geweiht. Ganz besonders bezeichnet ferner den Mönch der Umstand, dass er an mehreren Stellen seiner drei Einleitungen zu den drei Büchern seiner Schedula die Nützlichkeit der Kunstübung als Schutzwehr wider Trägheit und Müssiggang, „Possen, Neugierde, Gezech, Trunkenheit, Händel" etc. betont.

Nach unseren Begriffen erscheint es zwar wie eine Schmach, wenn ein Mensch wie ein Gegenstand zum Geschenke gemacht wird, und unsere Herren Künstler würden sich für die Ehre bedanken, in Gesellschaft eines Wunderthiers, des Einhorns, einem hohen Herrn verehrt zu werden, wir müssen die Sache aber mit den Augen des zwölften Jahrhunderts ansehen und werden dann nicht umhin können, den Maler, dem solche Ehre widerfährt, als eine hochbevorzugte Person zn betrachten. Im Alexanderliede nämlich erhält der mächtige Eroberer des Ostens von der Königin Candacia einen Mann:

> der was alsô getân, (5541.)
> daz er konde mâlen.

Die Beiwörter, welche dem Maler und dem Künstler überhaupt beigelegt werden, sind stets epitheta ornantia, er heisst: der werkwîseste man, (Erek, 7466), ein listich man (Veldeke's Eneit 9394), ferner sein Werk: entworfen von guotes meisters listen (Nibelg. 286), ûz meisters hende wol entworfen (Gudrun 660), wîser mâlere (Pass., pag. 112. 37).

Im Parzival begegnet ein Vergleich, welcher Zeugniss gibt von der hohen Achtung, in der damals die Malerkunst noch stand, denn der Dichter nimmt das Bild der Disposition eines Kampfes von der Compositionsweise der Künstler:

> wol nâch strites êre (XV. 661.)
> helm und ir schilde sêre
> wârn mit swerten an gerant
> istwedere wol gelerte hant
> truoc, der diu strites mâl entwarf,
> in strit man ouch wol kunst bedarf,

somit wird hier die bildende Kunst dem adeligen, also dem vornehmsten Geschäfte, als Muster vorangestellt. Um diese Wendung der Anschauungen zu würdigen, vergegenwärtige man sich z. B., dass das frühere Mittelalter von dem Waffenwesen und was dazu gehört, so ausnahmsweise Begriffe und Meinungen hegte, dass nicht blos der edle Recke selber, sondern schon der Verfertiger der Waffe ihm viel höher zu stehen schien, als jeder, auch der vorzüglichste Künstler. Saxo bemerkt in der Geschichte

Starkadr's, dass in Dänemark Goldschmiede von unedler Herkunft seien, und fährt fort:

> me judice praestant,
> Qui gladios et tela viris ad proelia cudunt,
> Ingenioque animos produnt et corda rigore
> Officii signant ausumque labore fatentur.

Die Goldschmiede seien zwar weicherer, aber auch zaghafterer Sinnesart.

Ein anderer Dichter tadelt es, die Werke der Maler zu verspotten, es ist der Spervogel, welcher die Stelle hat:

> entwerfen ist ein spaeher list,
> da hoeret spotten zuo,
> al nach der ougen spaehen;
> ich waene, reht der maler ist
> ob einer missetuo
> daz ez die andern sehen
> und spotten's niht dur minen haz.
> er schepfe sine bilde baz.
>
> (Hag., Minnes. Bd. II, III, 2.)

Das öfters erwähnte Werk des Giottesken Cennini von circa 1400 gehört noch völlig in die Sphäre jener Quellen, aus welchen über das Leben der Maler und ihre gesellschaftliche Schätzung lobende Urtheile zu schöpfen sind. Der Hauptsache nach Lehrbuch und Receptensammlung, geht die Schrift zwar selten nur auf allgemeine Gesichtspunkte geistigen Interesses ein, aber sie enthält doch einige schätzenswerthe Winke über die Lebensweise und das sittliche Verhalten des damaligen Kunstjüngers, welche in's Auge gefasst zu werden verdienen. Im Ganzen ergibt sich daraus — wenigstens für die Person des Autors — dass der kirchlich-fromme Geist des Mittelalters den Menschen wie den Künstler noch gleichmässig beseelte und beherrschte, ja es finden sich, wie bereits angedeutet, Aeusserungen, deren Uebereinstimmung mit den Ideen des Theophilus auffällt. Auch Cennini nennt sich demüthig noch „ein geringes ausübendes Glied in der Kunst der Malerei", er ruft Eingangs seiner Arbeit die Dreieinigkeit, Maria, St. Lucas, seinen Fürsprech Eustachius und alle Heiligen des Paradieses an und schliesst mit einer ähnlichen frommen Imploration. Im 29. Capitel fordert er von dem Schüler, dass sein Leben fortan so beschaffen sein solle, wie das eines Theologen oder

Philosophen, wie auch Lionardo ihm Einsamkeit empfiehlt; er sei mässig im Essen und Trinken, des Weines möge man sich ziemlich enthalten, die Hand aber, dieses Hauptwerkzeug des Malers, vor Ermüdung schützen, besonders vor der Unsicherheit, welche sie „durch zu häufigen Umgang mit Weibern" erhält. Gewiss ist solches nicht ohne einen Seitenblick auf das damals schon nicht aussergewöhnliche weltliche Leben der Standesgenossen gesagt, die dann den lustigen Novellen des Decamerone als Modelle dienen konnten und sich von der allgemeinen Leichtlebigkeit des Zeitalters nicht unterschieden. Ja, selbst unser frommer Cennini macht an anderer Stelle, wo über die Anatomie des Mannes gehandelt wird, ohne alle Noth, einen so unfläthigen, obscönen, Boccaccio'schen Witz, dass wir ihn hier übergehen müssen. Die veränderte Weltanschauung des Malerstandes spricht sich ferner bei Cennini aber in der öfteren Betonung des zeitlichen Gewinnes aus, welcher von der Ausübung der Kunst zu ziehen ist — vom Ruhme handelt er dagegen nur sehr wenig. Er motivirt (Cap. 2) bei Einigen die Wahl dieses Berufes geradezu aus „Armuth und Noth des Lebens, also Gewinnes wegen", stellt aber Jene höher, „welche nur aus Liebe und edlem Sinn zu genannter Kunst streben". Liebe, Furcht und Gehorsam sollen deren Kleid sein (Cap. 3) — das klingt wieder' völlig im Stile der Schedula! Einmal empfiehlt er die Anwendung echten Goldes statt vergoldeten Zinns bei Frescogemälden (Cap. 96) „vorzüglich bei der Figur Unsrer lieben Frau". Fällt die Auslage auch dem armen Teufel schwer, so wird er doch durch sorgfältige Arbeit und gute Farben solchen Ruhm erwerben, „dass aus dem Armen ein Reicher wird" und auf seinen Namen ihm zwei Ducaten gegeben werden, wo ein Anderer blos Einen bekömmt, übrigens — selbst wenn die gute Bezahlung ausbliebe — „so wird dir Gott und Unsre liebe Frau Gutes thun an Leib und Seele". Auch im Schlusscapitel (189) wünscht der Verfasser seinen Anhängern, dass sie ihre Familie in der Welt erhalten könnten und ausserdem natürlich die ewige Seligkeit. Die Mischung althergebrachter kirchlicher und neuweltlicher Betrachtungen über die Sache machen diese gelegentlichen Bemerkungen sehr beachtenswerth.

Boccaccio's und Sacchetti's Geschichten von den drei lustigen Malern Bruno, Buffalmaco und Calandrino, von denen der Letztere ein nicht minder als seine Collegen leichtlebiger Patron, aber zugleich als beschränkter Kopf erscheint und daher den Andern stets zur Zielscheibe ihrer Spitzbubenstreiche dienen muss, sind zu bekannt, als dass ein Eingehen in die Details von Nöthen wäre. (Decamerone VIII. Dec. Nov. 3, 6, 9, IX. Dec. Nov. 3, 5. Sacchetti, Nov. 191 etc.) Für die Beurtheilung des damaligen Thuns und Lassens im Malervölklein besitzen diese heiteren Erzählungen um so grösseren Werth, als die historische Existenz der Helden von der wissenschaftlichen Kritik bestritten ist, folglich nicht etwa nur zufällig individuelle Erscheinungen in ihnen vorgeführt werden, was auch daraus hervorgeht, dass einige Züge in diesen Geschichten, wie z. B. der vermeintlich Unsichtbare, der Schwangere, unter den allgemeinen Vorrath der mittelalterlichen Schwänkepoesie gehören. Sie sind also blos angewendet auf unsere Helden, dass der Dichter aber gerade Maler dazu ausersehen hat, ist bedeutsam genug. Wennauch in vielen anderen Erzählungen des Decamerone bekanntlich kein Mangel an lustigen Stückchen zu bemerken ist, so haben diese beiden tollen, übermüthigen Erzschelme Bruno und Buffalmaco doch selbst in der Galerie Boccaccio's kaum Ihresgleichen. Dabei motivirt ihr ausgelassenes Treiben im Grunde nichts Anderes als die unbegrenzteste Lust am Spasse, nicht Eigennutz, nicht Schadenfreude oder sonstige minder unschuldige Triebfedern setzen ihr tolles Spielwerk, wenigstens von vornherein, in Bewegung. Das entspricht aber eben dem Wesen des Malers, wie es von jeher gewesen sein mag, der Dichter malt also als Charakterschilderer des Standes, dem er überhaupt hold gewesen sein dürfte, denn in seiner Vertheidigungsrede am Schlusse des Buches weist er auf die Maler hin, denen ja auch sicher kein Vernünftiger verargen werde, dass sie mit voller Freiheit bei ihren Schöpfungen sich benehmen. Wenn er, der Erzähler, Dinge, welche Scheinheiligen anstössig klingen mögen, so schilderte, wie sie im Buche stehen, so male ja auch der Maler Christum als einen Mann und Eva als ein Weib, was kein Mensch, „wenigstens nicht mit Recht", tadeln könne. Dies ist nicht ohne Grund gesagt, in einer Zeit, welche dem Kampfe zwischen den alten mönchischen Traditionen in der Kunst und der neubelebten heidnischen Ideenwelt entgegenging.

In den Schriften des 14. und der folgenden Jahrhunderte macht sich bereits öfters die Ansicht geltend, dass das lustige Völklein der Maler voll Schabernack stecke, und erscheint hie und da eine rügende Bemerkung oder es wird doch das Handwerk, dessen höchster Triumph die Täuschung ist, in ein minder günstiges Licht gestellt. In dieser Hinsicht kommt es mir sehr merkwürdig und für den geänderten Sinn der Zeiten bezeichnend vor, dass z. B. in der älteren Wiener Handschrift des Theophilus eine spätere Hand an einer Stelle den wahrscheinlich aus den Worten Catull's: tu quoque fac simile ars deluditur arte gebildeten Satz beifügte:

ars artem delusit, et qui has artes sequitur trufator esse perhibetur.
(Meine Ausgabe „Quellenschriften f. Kunstgeschichte" VII. Band, pag. 169.)

Die volksthümliche Anschauung bedient sich im Sprichworte nicht selten des Begriffes malen als gleichbedeutend mit Betrug und sagt daher:

Gott lässt sich nicht auf den Arm malen
(Simrock, „Die deutschen Volksbücher". Frankf. a. M. 1846. V. Band. 3923.) und der Oesterreicher sagt heute noch: Ich werde ihm was malen! um auszudrücken: er kann lange auf die Erfüllung meines Versprechens warten. Das Betrügerische im Malergewerbe drückt weiters sehr deutlich die Erzählung im Pfaffen Amis aus, wo derselbe der Gesellschaft am Hofe das unsichtbare Gemälde producirt. Er gibt sich als der kunst ein meister aus, der

— diu bilde,   (523.)
bèdiu zamt unt wilde,
diu ieman lebendic hât gesehen

malen könne, doch vermöchten seine Werke nur rehtiu êkint wahrzunehmen. Nun erhält er dreihundert Mark und fordert, dass durch sechs Wochen Niemand den Saal, wo er malen sollte, betrete; that sich mit Fleisch, Meth und Wein gütlich, rührte jedoch keinen Pinsel an. Die Beschauer des Künstlerwerkes aber sind schliesslich alles Lobes voll über die nicht vorhandene Arbeit, da Keiner für einen Bastard gehalten werden will.

Ganz besonders trifft die Maler oft der Vorwurf, mit ihren Künsten der Hoffahrt und Eitelkeit zu Willen zu sein, und hierunter steht das Schminken oben an. Schon das Mittelalter kannte gleich dem Orient und den classischen Völkern diesen Gebrauch, wie mehrere Stellen auch in den mittelalterlichen Gedichten ganz unwiderleglich davon Beweise liefern. So lesen wir in Heinrich von Veldeke's Eneit:

> ir varwe licht unde gût,
> rehte als milich unde blût
> wol gemischet rôt und wîz,
> ône blank und on verniz (Weiss und Firniss)
> (desn was ir nehein nôt),
> von nature wîz und rôt.

Wenn hier schon ein leiser Tadel mit herausklingt, so drückt sich Wolfram im Parzival noch etwas deutlicher aus:

> gestrichen varwe ûfez vel   (X, 1467.)
> ist selten worden lobes hel.

Mit scharfen Worten wendet sich Bruder Berthold von Regensburg dagegen: „pfî, wie sitzest du dâ vor mînen ougen, mâlerin? wiltû dich baz mâlen, danne dich der almehtige gôt hât geschaffen?" (Ed. Chr. Fr. Kling, pag. 19) und weiters: „pfî ir verwerîn und ir gilwerîn, wie gerne ir ze dem himelrîche möhtet komen, ir sît aber gar fremde geste dâ; ir werdet ewiglich mit iurem verwen oder gilwen dâ ze helle brennen" (ibid. pag. 249).

Auch Cennini missbilligt die Sache, obwol er als Maler gleich allen Anderen ein Geschäft daraus macht und Anweisungen über das Technische dabei ertheilt. Er sagt im 179. Capitel des libro dell'arte: „Im Verfolg deiner Kunst wird dir öfter begegnen, Fleisch färben oder malen zu müssen, besonders ein Mannes- oder Frauenantlitz zu coloriren". Hierauf spricht er von der dazu nöthigen Tempera und schliesst im folgenden Capitel daran eine weitere Unterweisung: „Es könnte von einer jungen Dame dir die Aufgabe werden, vornehmlich was die in Toscana betrifft, eine Farbe ihr anzuzeigen, von der sie Schönheit bekommen und womit sie sich schmücken, und etliche Wässer. Weil aber die Paduanerinnen sie nicht gebrauchen und ich ihnen nicht Ursache mich zu tadeln geben will, und desgleichen, weil es Gott und Unsrer lieben Frau nicht wohlgefällig, schweige ich darüber". Am Schlusse warnt er nochmals vor dem Gebrauch solcher Mittel, wodurch „die Frauen vor der Zeit altern und die garstigsten alten Weiber werden, die man sehen kann". In einem Citate aus Mirac. beatae Mariae virginis, lib. 2 bei Du Cange heisst es von den Damen:

> Qui se vernissent, qui se paignent, qui se fardillent et qui s'onguent.

Nach einer steierischen Urkunde des 15. Jahrhunderts sollen im Banne sein: all dy sich anstreichen und ander gestalt machen wan se got beschaffen hat. („Beitr. z. Kunde steier. Geschichtsquellen," Graz 1876, pag. 159.) Shakespeare hat in measure for measure (IV. Aufz., 2. Scene) eine bezeichnende Stelle über den Gegenstand. Der Scharfrichter frägt den Kuppler, weshalb er sein Handwerk eine Kunst nenne, und dieser raisonnirt folgendermassen:

> Painting, sir, I have heard say, is a mystery; and your whores, sir, being members of my occupation, using painting, do prove my occupation a mystery;

(vergl. auch K. Weinhold, die deutschen Frauen im Mittelalter, pag. 467, und für Italien Burckhardt, Cultur der Renaissance in Italien, pag. 291 ff.).

Die schlimmen Florentinerinnen trieben aber das Geschäft des Schminkens rüstig weiter und fanden bald an weniger frommen Malern, als der gute Cennino war, die gefälligsten Helfer. Noch mehr als dies: diese lehrten die Eitlen nicht allein ihren vergänglichen Leib zieren, sondern sie verewigten das hinfällige Gehäuse und seinen sinnlichen Reiz und erhoben es unter der Maske heiliger Gestaltung und Attribute auf eine seltsame Weise, die, wiewohl unbewusst, zwischen Idealisirung und Ironisirung unentschieden schwankt.

Gegen diesen Missbrauch, wie dem mittelalterlichen Geiste die freie Regung der Renaissancekunst erscheinen musste, donnerte dann der gewaltige Geist des Predigers von San Marco, und die Maler sind es, die sein strafendes Wort vor Allem trifft: „Ihr habt meinen Tempel und meine Kirche dem Moloch, eurem Gotte, geweiht. Merke, was der Brauch ist in Florenz. Sobald die Frauen von Florenz ihre Töchter verheiraten wollen, führen sie dieselben zur Schau aus und putzen sie, dass sie Dirnen gleichsehen und führen sie zuerst nach Sta. Liberata. Das sind wahre Götzen, die ihr in meinen Tempel gesetzt habt. Die Bilder unserer Gottheiten sind die Bilder und Gleichnisse der Figuren, die ihr in den Kirchen abgemalt habt, und die jungen Männer kommen dann und sprechen: das ist eine Magdalena und jene gleicht einem h. Johannes! Weil ihr diese Gestalten in den

Kirchen der oder jener Frau nachbildet, das ist sehr übel gethan und eine grosse Verachtung der göttlichen Dinge. Ihr Maler handelt nicht recht; dass euch das Aergerniss bekannt wäre, welches daraus erfolgt! Ich weiss, dass ihr derlei nicht mehr abmaltet! Ihr setzet alle Eitelkeiten in die Kirchen. Glaubet ihr, dass die Jungfrau Maria so gekleidet gegangen wäre, wie ihr sie abmalt? Ich sage euch, dass sie gekleidet ging wie eine Dürftige, einfach und verhüllt, dass sie kaum das Gesicht frei hatte. Ebenso ging St. Elisabeth einfach. Ihr würdet sehr gut handeln, wenn ihr diese Figuren vertilgtet, welche so unehrbar gemalt sind. Ihr lasst die Jungfrau gekleidet erscheinen gleich einer Buhlerin. O! wie der Gottesdienst verderbt ist etc." (Vinc. Marchese, opere, vol. I., pag. 382 ff.)

Savonarola sucht sich an einer anderen Stelle selbst im Heidenthume einen Gewährsmann für seine Thesen und findet ihn in Aristoteles, dessen Satz er hervorhebt, dass man aus Scheu vor den Kindern keine schändlichen Figuren malen dürfe, und setzt hinzu: „Was aber soll ich von euch, den christlichen Malern, sagen, die ihr jene Figuren mit entblössten Busen malet?" Weiters ermahnt er seine Zuhörer, jene Bilder in den Häusern mit Kalk zu bewerfen und gottgefällige Werke an ihre Stelle zu setzen.

Ganz wunderbar klar und schön ist aber des geistreichen Mannes Deduction von der Schönheit, worin wir mit einemmale wieder bei dem Ausgangspunkte dieser unserer Untersuchung stehen: vor der Vorstellung der Kunst als irdischem Abglanz der göttlichen Kunstthätigkeit. Er sagt: „Die Geschöpfe sind um so schöner, je mehr sie Theil haben an der Schönheit Gottes und je näher sie dieser stehen". So sehen wir im Grunde hier zum letztenmale die mittelalterliche Lehre von Kunst und Schönheit der neuheidnischen entgegentreten, in einer Periode, wo der letzteren Sieg eigentlich schon entschieden ist.

Und wie genau stimmt diese Aesthetik Savonarola's mit den Principien der mittelalterlichen Kunst! Wir staunen heute über die Gleichgiltigkeit der letzteren gegen sinnlichen Reiz und bewundern auf der anderen Seite die Tiefe und rührende Innigkeit des Ausdruckes auf diesen hässlichen Gesichtern, die dennoch Spiegel reiner Seelen sind! Und ebenso spricht der Prediger: „Nimm her einen heiligen Mann, der hässlich von Gestalt wäre du wirst sehen, dass ihn Jeder deshalb gern schauen wird, und es scheint, obgleich er hässlich ist, dass die Schönheit aus ihm herausdringe und in seinem Antlitze Reize hervorrufe". In der goldenen Aera der reinen Renaissance Italiens übergoss indess der Zauber des Schönheitscultes in den Künsten auch das Leben ihres Jüngers mit holdem Lichte, wogegen alle Kanzelreden am Ende nichts auszurichten vermochten. Auf's deutlichste beleuchtet uns diesen glücklichen Umstand das Leben Benvenuto Cellini's, der, eigentlich ein bildungsloser Mann, abgesehen von seiner steten Rauf- und Händelsucht sowie einem starken Stück Brutalität, alle Tugenden des humanistisch empfindenden Menschen des Cinquecento in sich vereinigt. Schier jede Seite seiner Selbstbiographie gibt davon Zeugniss und zeigt uns nunmehr den Künstlerstand auf der höchsten Stufe gesellschaftlicher Werthschätzung, der vom ehemaligen Handwerkerthum fast nichts als die herrliche Uebung in der Technik behalten hatte. Mit einem liebenswürdigen jungen Manne, dem Sohne des Malers Filippo di fra Filippo, schliesst er innige Freundschaft, deren Ziel hauptsächlich im Studium classischer Alterthümer beruht; mit der Frau des Gismondo Chigi und ihrer Freundin Porzia entwickelt sich gelegentlich einer Goldschmiedarbeit, die er zu besorgen hat, ein Gespräch von solchem Charakter, dass uns klar wird, wie allmälig auch zwischen Menschen hohen Standes und Menschen hohen Geistes in jener hellen Zeit die Schranken zu fallen begannen, und der Künstler fühlt sich wohl in diesem erhobenen Zustande. Wir sehen aus diesen Schilderungen auch, dass der Verkehr der Künstler unter einander damals ein freier und geistvoll anregender geworden war. Sie kamen zu fröhlichen Festen zusammen, am St. Johannestage, dem Feste des Florentinischen Patrons, darunter die Koryphäen Penni und Rosso Rossi, oder nach jener bösen Seuche im Jahre 1524, wobei das reizende Abenteuer mit dem schönen Knaben Diego vorfiel, welcher, als Mädchen verkleidet, seine Rolle so trefflich zu spielen weiss. Der Bildhauer Michelangelo da Siena, die Maler Giulio Romano, Francesco Penni, Bachiacca sind von der Gesellschaft, welche sich in einem mit Grün geschmückten Saale mit köstlichem Essen, Musik, Gesang, und Lesen von Sonetten vergnügt und wobei die Schönen nicht die letzte Rolle spielen.

Wenn also auf Savonarola's eindringliche Mahnworte auch zahlreiche Kunstwerke in die Flammen auf der Piazza der Signoria geworfen worden waren, so dass speculative nordische Kaufleute grosse Summen dafür geboten haben sollen, so vermochte die Reue doch nicht lange Stand zu halten. Das sechzehnte Jahrhundert sah bereits Alles in der Sphäre der Kunst von neuheidnischem Geiste belebt, und zwar, wie wir zeigen wollten, nicht blos was die Schöpfungen der Meister betrifft, sondern deren Leben und Denken nicht minder.

Aus deutschen Quellen liegen uns nicht viele Beiträge vor, welche das private und häusliche Leben der Maler nach dieser wie überhaupt nach irgend einer Seite hin beleuchteten. In der ungeheuren Fluth jener Literatur, wie sie seit dem 14. Jahrhundert als bispel, Schwank, Erzählung und Sprüche der Neuigkeits- und Unterhaltungssucht des grossen Publicums zu dienen geschaffen wurde, spielt allerdings der Vertreter dieses Standes zuweilen auch eine Rolle, und zwar auffallend mit ganz besonderem Charakter, aber ich wage es keineswegs, daraus einen Schluss auf nationale Eigenthümlichkeiten in der Sphäre desselben zu ziehen. Freilich dürfte der Maler in diesen deutschen Gedichten gewiss nicht den besonderen Typus des listigen und lustigen Kauzes erlangt haben, wenn nicht im wirklichen Leben sein Thun und Lassen zu sobeschaffener Schilderung gestimmt haben würde, die meisten der betreffenden Erzählungen aber stammen aus fremder, meist aus wälscher Quelle.

Hieher zählt zum Beispiel die drollige Geschichte, welche unter verschiedenen Titeln, meistens: „Der Maler zu Würzburg" (welcher Titel umgekehrt auch wieder Erzählungen fremden Inhaltes zukommt, wie überhaupt jene Stadt gern mit Malern zusammengebracht erscheint) in verschiedenen Handschriften begegnet. Es ist der leibhaftige Boccaz, was hier in deutschem Gewande vorgeführt wird, nach Einigen eine Dichtung des Nürnbergers Hans Rosenblut (Bibliothek des literarischen Vereins in Stuttgart, XXX, pag. 1179 ff.), die alte, oft abgehandelte Geschichte von der treuen Gattin, welche im Einverständniss mit dem Manne auf die Anträge eines geilen Pfaffen scheinbar eingeht, um ihn dann durch Jenen überraschen zu lassen und tüchtig auszusäckeln. Interessant ist es aber, wie das Gedicht den Maler mit diesem

Stoffe in Verbindung zu bringen weiss. Als nämlich der zurückkommende Mann, den der Liebhaber verreist glaubt, an die Thür pocht, räth die Frau dem zitternden Galan, sich von ihr am ganzen Leib mit Farben anstreichen zu lassen und sich zu den andern goczen an die want zu stellen, damit ihn der Gatte nicht bemerke. Gemeint sind die bemalten Holzfiguren der Altäre, welche da in der Werkstätte herumstanden, denn es wird schon anfangs von dem Künstler gesagt

> was ye mocht fliegen oder sweymend
> das kund er malen oder schniczen.

Nun kommt der Hausherr herein, gibt an, dass er rasch den Auftrag erhalten habe, ein Bild zu liefern (man hatte solche also auch damals vorräthig am Lager!), geräth auf den angestrichenen Pfaffen, den er für die Arbeit seines „Knechtes" zu halten vorgibt, eines Gehilfen, der deshalb mit Ehren an seinem Tische sitzen dürfe. Wieder stossen wir da auf die alte Formel:

> Es hat ein gestalt sam es hab leben.

Er meint, der Knecht verdiene darum höheren Lohn. Was nun folgt, lässt sich nicht mittheilen. Er nimmt plötzlich sein Lob zurück, da er findet, dass solches Bild ungeschaffen vor den Frauen stände, und will mit dem Beil den Fehler wieder gutmachen. Der Pfaffe nimmt Reissaus und wirft ein Dutzend Götzen dabei um, der Maler ihm nach, mit Geschrei, dass ihm alle Götzen davon liefen und besonders der Eine, den der Geselle aus bestem Erlenholz geschnitzt habe. So kömmt er vor des Pfaffen Haus, wo dieser schon voll Angst am Fenster steht, der Maler erklärt sein Bild zu suchen, das ihm morgen vielleicht hundert Pfund eingebracht hätte, und der Geprellte muss sich zu dieser Busse bequemen.

Man bemerkt mit Staunen, mit welchem Spott und welchem Mangel an Ehrfurcht hier Gegenstände der religiösen Kunst zu Werkzeugen des obscönsten Spasses herhalten müssen, und erkennt darin den veränderten Zustand der Zeiten, aber nicht minder auch ihrer Kunst. Eine andere Geschichte von zwei Malern, allzu unfläthig, um auch nur angedeutet werden zu können, spricht nicht weniger deutlich von dem lockeren Geiste, der in dieser

Spätzeit auch über unser Handwerk gekommen war. Ich will in diesem Falle blos auf den Abdruck in derselben Bibliothek XXXV. Bd. verweisen, dessen Veranstalter in der Note bereits auf italienische Quellen hingedeutet hat. Mit vertauschtem Titel heisst die Historie ebenfalls der Maler von Würzburg, während die oben unter dem Namen angeführte anderorts auch: Von einem Maler und einer schönen Frau betitelt ist. Die erstere wird auch von dem italienischen Autor Pietro Fortini als: Io angnellino dipinto im 16. Jahrhundert berichtet und Giuseppe Zirardini gibt ihren Inhalt im tesoro dei novellini italiani folgendermassen an: Baccio pittore dipigni sotto il bellico della Agnoletta sua moglie un agnellino; indi la lascia e va in Francia. Ella si gode con Masino pittore anch' egli. Baccio ritorna e trova al suo agnellino cresciute le corne. S' accorge l' essere stato beffato, e per lo meglio si tace.

Der oben genannte Dauw bringt in seinem Buche ein ganzes Capitel (V): Von der Mahler List sich zu rächen, nebst verschiedenen artigen Entschuldigungen und scharfsinnigen Repliquen, 30 Seiten umfassend, worunter zwar Mehreres von Apelles und anderen antiken Meistern, auch Geschichten aus Vasari aufgetischt werden, aber auch Einiges von deutschen und niederländischen Künstlern mit unterläuft. In diesen Ressort gehört auch die Lallenburger Anekdote von dem durchreisenden Malergesellen, welcher den ehrsamen Rottweilern eine Flucht nach Aegypten dergestalt auf die Kirchenfahne pinselte, dass Alles in Wasserfarben und nur der Esel in Oel gemalt war, den dann der Regen allein unangetastet liess. (Bechstein, „Deutsches Sagenbuch" Nr. 948.)

Ernsthafte Anklagen wider die Maler werden in Deutschland jedoch erst in den Tagen der Reformation erhoben, wo wir sie bei dem damaligen allgemeinen Hader und Zwiespalt in der Regel von beiden Parteien verurtheilt sehen. Den Protestanten gelten sie als Fertiger von Götzenbildern — welchen Ausdruck wir z. B. oben im Maler von Würzburg angetroffen — die Katholischen ärgern sich hinwieder über die vielen Carricaturen und Schmachbilder, welche aus den Malstuben der Gegenpartei in so grosser Anzahl hervorgingen. Als Diener der Mode und Ueppigkeit werden sie aber meist beiderseits getadelt.

Lange nachdem der Scheiterhaufen mit Savonarola's Asche erloschen, erklingen ähnliche Anschuldigungen gegen die liederlichen Maler wieder, und zwar jenseits der Alpen, in Deutschland. Aber sie treten in einer weitaus plumperen und geistloseren Form auf als die von heiligster Weihe durchglühten Philippiken des grossen Dominikaners von Florenz. So spricht z. B. Pauli in Schimpf und Ernst (CCCXIV):

> also die maler auch, wan sie sant Katharinen oder sant Margareten sollen malen, so malen sie es so weltlich vnd mit vsgeschnitnen kleidern, wie man dan zuo der selben zeit gat. Es solt kein altar sein, es solt ein crucifix daruff ston, so ist kein altar es stot ein gemütz bild darauff, was andachtz sol ein junger priester daruon haben, der on hungerig ist, wan er mesz liszt, vnd semlich gemütz bild vor im siecht ston. Ja sprechen sie es stot wol. Es stot bübisch vnd solt nit sein, was die natur deckt das solt der mensch auch billich leren decken.

Johannes Pauli, ein getaufter Jude und späterer Priester, kehrt die antagonistische Seite an der Sache noch nicht heraus, ist aber doch offenmüthig genug, mit seinem ohnehin hungerigen jungen Geistlichen auf den Verfall der Zucht in seinem Stande leise hinzudeuten. Dagegen entwickeln sofort die protestantischen Zeloten ihre gewohnte Derbheit in ganzer Urwüchsigkeit und fallen mit den üblichen Dreschflegeln über das leichtsinnige Malervölklein her, dessen geistiges Leben sie in ihrem Bezirke auch schliesslich glücklich todtzuschlagen vermochten. Man kann sich keinen grösseren Contrast denken als die bei allem Feuer doch so edle und massvolle Polemik des Florentiners im 15. Jahrhundert und diese von Schimpfwörtern strotzende Rohheit der evangelischen Eiferer des nachfolgenden Säculums. Aehnliches schon bei Valerius Arnshelm in seiner Bernischen Chronik ad annum 1503 (III, pag. 246 ff.):

> Dann Alles, was die fryen Mätzen us den Kriegen und fremden Landen brachten, auch ihr hurisch Ueppigkeit und was die kunstrychen Maler in Kilchen vorbildeten, kam so hoch zu Ehren, dass es auch die geistlichen Frouwenklöster annahmen, und so gemein worden, dass den Mätzen und Malern nüt, dann Nüweres zu erdenken, vorhanden. Und wie nun diese kostbaren Sitten hand zugenommen, also hand auch mitan zugenommen Ehr- und Gut-Gyt, Listigkeit, Untrüw, Unglaub, Hochmuth, Hochfarth, Ueppigkeit, Verachtung, und daby all g'winnsam kunst, besunder zur Zungen dienend, und Handwerk zur üppigen Hochfarth reizend, als insunders

Maler, Goldschmid, Sydensticker, Steinmetzen, Glasschnyder, Neyerinn, Tūchlerinn, Sänger- und Spil-Lūt — — vil Huren und aller Gattung Buben etc.

Feiner und seiner ganzen Denkweise nach von dem höheren Standpunkte der Satire aus fasst der geistreiche Erasmus von Rotterdam das Bilderwesen auf, wenn er im Enkomion Moriae seine Heldin von sich sagen lässt:

> Nec jam usqueades stulta sum, ut saxeas ac coloribus fucatas imagines requiram, quae cultui nostro nonnunquam officiunt, cum a stupidis et pinguibus istis signa pro divis ipsis adorantur. Nobis interim usu venit, quod solet iis, qui a vicariis suis extruduntur. Mihi tot statuas erectas puto, quot sunt mortales, rixam mei imaginem prae se ferentes, etiamsi nolint.
> (Ausg. Bas. 1780, pag. 183 f.)

An einer anderen Stelle macht sich Frau Moria über die Thoren lustig, welche einen hölzernen oder gemalten Polyphemus-Christophorus anschauen, um an diesem Tage vor jähem Tode sicher zu sein, oder eine gemeisselte Barbara mit vorgeschriebenen Gebeten begrüssen, damit sie heiler Haut aus dem Treffen kommen mögen (p. 150). Auf erstgenannten Aberglauben bezieht sich auch Joh. Fischart in seinem Podagrammatischen Trostbüchlein (Strassburg 1577, f. 7 rw.), welche Stelle auch kunstgeschichtlich interessant ist:

> Da thaten sie wie etlich Bildstürmer in Niderland, welche als sie einem vberaus grossen stainernen Christoffel nicht die klainste zache am fuos mochten abhacken Vil minder im ainen Knoblauch aus der Täschen zwacken, da schrieben sie für ein Salvaguardi einen zedel daran, das er ein toppeler Goes (Geuse) were vnd derwegen als jr lieber Bruecker sicherheit hette.

Wenn es nun eine häufiger vorkommende Sache ist, dass der figurale Theil der Malerkunst, id est das religiöse und historische Gemälde, in Zeiten, wie jene der protestantischen Bewegung im 16. Jahrhundert gewesen, von Seiten jener bilderfeindlichen Richtung Anfeindungen erfährt, so muss man es dagegen gewiss als einen seltenen Fall betrachten, dass ein Autor seinen Tadel gegen die Ornamentik richtet, welche an Werken der Malerei Anwendung findet. Zwar mangelt es gerade in diesem Falle nicht an einem antiken Vorbilde, aber unser Gewährsmann scheint keineswegs eine Nachahmung desselben angestrebt zu haben, sondern folgte vielmehr einem ganz selbständigen Antriebe, der ihn den Gegenstand aus völlig verschiedenen, weil im Geiste seiner eigenen Zeit begründeten Gesichtspunkten auffassen liess.

Bekanntlich enthält das fünfte Capitel im siebenten Buche der Architectura des Vitruvius eine Verdammungsrede wider das neumodische Decorationsprincip der Häuserwände, welches wir in der Regel schlechthin als pompejanisch bezeichnen, jene phantastische, luftige Architekturmalerei, welche ihre Frontispices, Giebel und Dächer aller Art auf bunte, schlanke Rohrsäulchen stützt und in reicher Wiederholung übereinanderthürmt, um die so entstehenden Baldachine und Nischen mit gemalten Broncefigürchen, Monstren, Putten u. dgl. zu beleben. Der Autor eifert anbetracht dessen dagegen, weil all' diese allerdings zierlichen Dinge gegen die Wahrheit verstossen: die Rohrarchitekturen, indem ein so schwaches Material ein Dach ja niemals tragen könne, und die Bestien mit Menschenköpfen etc., weil dergleichen nicht ist, nie war und nie sein wird.

Merkwürdigerweise zieht fast auf ähnliche Art Fischart im Gargantua auf die zu seiner Zeit aus Italien gekommene Groteskendecoration los, welche damals ebenso allgemeiner Beliebtheit sich erfreute. Auch ihn genirt an der Sache das Vernunftwidrige jener carricaturmässigen Zusammenstellungen, das Tolle in der monströsen Bildungen, das Befremdliche einer ausschweifenden Phantasie. Die Stelle ist so bedeutsam, dass ich sie ungeachtet ihrer Ausdehnung hier vollständig wiedergebe. Ich bediene mich der Ausgabe vom Jahre 1590, welche sie pag. 25 ff. enthält:

> Exspecta auss der Taschen Sileni, solt ir mich verstehn, waren etwann die wundergestalte Grillische Grubengrotteschische, fantastische krüg, laden, büchsen und häfen, wie wir sie heut in den Apotecken stehen sehen uon aussen bemalet mit lächerlichen, gecklichen, ja offt erschrecklichen Haw vnnd Grassteuffeln, wie sie auss Pandore böchs fligen, vnnd der Grillen Römischen Molstiben, gesellen die im hafen schlecken, vnd haben die Kertz im hindern stecken, wie sie Dantes in der segfewrigen Höllen beschrieben, Jott und Michelangel im Jungsten gericht malen, Olaische Mitnächtige Meerwunder, wie sie einem zu mitternacht inn der Fronfesten, wenn man zu vil Bonen isst, vnd am rucken ligt, fürkommen, Ovidische verformungen, Weinsauffende Grillos vnnd Aguleios, seltsame trachenschlund an den Canälen vnnd Bronnrören, Midisch Königsoren, Ackteonisch Fürstenhörner: Leut, wie Megasten, Solin, Franck vnd Munster im jhren Cosmographien gegen Morenland vnnd Affrich versetzen vnd Colonisiren

als ainfüsige Hasenjäger, ainäugige Schützen, Brustgeköpffte Hundsköpff, die auff eim fuss Postiren, geruchlebige Leilachoren, geile Satyri vnd Geyssmännlin, Scherzengefieder, Höllhacken, Charpie des Jupiters Vogelhund, fornen schön vnd lieb gestalt als Frawen, vnd hinden hön vnd dib mit klawen.

Ja zu diesen Autentischen beschribenen Fastnachtbutzen suchen sie noch Rumörischere ladengezird, die eim allen Confect erleiden sollen, als gezaumt Vögel inn Planetenschlitten, Rappen inn Mönchskappen, Kropfigel inn nadelbesteckten lägen auff schaltberen: Damenköpff mit bauchen der Esslingischen Jungfrawen im hafenreff: Bemäntelt, bestekt treifussgekrönte Widhopffen, die man mit lichtern besteckt, auff der Mistbären daher träget. Wie zu Strassburg im Mönster bei dem Chor an der saulen stehen, vnd im Bruderhof vber dem Keller, da ein Rephun einen Schatz verrhiet, gemelt zu finden. Kändlinmauler mit glokenhüten, wie der Gorgonisch Römisch Medusenkopff. Geschleiert Gäns auff Pantoffeln, beprillet vnd schulsack behenckt Esel auff stelzen, torweit zerflennend schusslöcher, Carpatische hogerige Ofenkrucken, Brotmeyer, die den bauch im Schubkärchlin führen*), halb Pfaffen vnnd halb Landsknecht gehalbiert Menschen vom Bischoff vnd Bader: krebs, die im schlitten ziehen, darbei der spruch, Es geht wie es mag; gehörnecht Hasen, Menschen mit Krebsnasen, gesattelt Hund, fliegend Hechsenböck, reutend Hirtz, kunden wie man hinder Tot vnd Sanct Töngis malet, in spilen vnnd Mummereien brauchet, inn Christoffelgnosse saulen vnd gebau hauet, auff die Pfäl für Vogelschewen stellet, für gerams vnd compartement auf täppich stricket, damit man die Kinder schweiget, vnd andere dergleichen Melerträum, hölengrillen, wie dem mit der weil eyn gantz büchlin ins Rabeleis Trollatischen traumen sollen aussgehen, mit welchen dise Pulverkörner Gaffewt für Kaufflewt an sich ziehen können, vnd die vorgehende wie das Abisai Leib auffhellen, wie Gorgon vorgestalten, den Bauren die mäuler auffsperren, machen dass die Mägd den Korb vnd Zuber müsen nidersetzen, die Frewen die Kinder vergessen, vnd alles gesind wie zur Regenspurgischen Walfahrt zu lauffen.

In diesen Zeilen liefert der launige Autor eine so prächtige und charakteristische Schilderung der Groteskdecoration, wie man sie umfassender und farbiger kaum wünschen könnte. Er weiss auch die richtige Bedeutung des Namens, wennschon er von den Bädern des Titus und der Livia nichts hinzufügt, doch deutet er den kunsthistorischen Ursprung des in Rede stehenden Decorationsfaches mit dem Worte Grubengrotteschisch deutlich an. Was Fischart hier so ausführlich und lustig beschreibt, beherrschte in seiner Zeit nicht allein das Gebiet der Keramik, sondern auch die übrige Ornamentik, insonderheit jene der niederländischen

---

*) Kommen auf einem Stich von Bosch (Heiliger Christoph) vor.

Renaissance, deren phantasiereiche Meister de Bry, Cornelis Bos, Geerarts u. A. sie in ihren Kupferstichen vertreten. Apothekervasen von Urbinatischer und Römischer Fabrication kamen frühzeitig mit den vielfach ebenfalls aus dem Süden bezogenen Waaren nach Deutschland; so heisst es in einem Kochbüchlein des Klosters Tegernsee schon 1454: duo vasa ad conventum ytalica. („Anz. f. Kunde deutscher Vorzeit" 1865, pag. 440.) — „Grillen römischer Mülstiben" ist sicherlich ein Druckfehler für Malstuben. — Interessant ist die Anführung Jott's, d. i. Giotto's, an dieser Stelle, in so später Zeit und von einem Deutschen, ferner mit Dante und Michelangelo in Parallele gestellt, so sachrichtig, als hätte Fischart eine moderne Kunstgeschichte gelesen. Man vergleiche mit seiner Auslassung weiters Vasari's Schilderung der Grotesken in der introduzione der vite, cap. 27: „Grotesken sind eine Art launiger und sehr lustiger Malerei, von den Alten zum Zierat der leeren Räume gebraucht, wo an mancher Stelle nichts Anderes gut stehen würde als Dinge in der Luft. Sie stellen darin Missgestalten und Ungeheuer, Seltsamkeiten der Natur einerseits, Grillen und launige Künstlereinfälle andererseits, dar, indem darin Dinge wider die Möglichkeit vorkommen, ein sehr feiner Faden, der ein Gewicht trägt, das er nicht aushalten könnte, oder ein Pferd mit Laubwerk statt der Füsse, ein Mann mit Kranichbeinen und derlei Unsinnigkeiten und Ungereimtheiten mehr". — Das Stricken grotesker Figuren auf Teppiche, welche an Rahmenwerk und Simsen in der Stube aufgehängt wurden, ist wohl nicht genau zu nehmen; was dem Verfasser vorschwebt, ist gewebt, Gobelin, wie solche im niederländischen Renaissancestil noch erhalten vorkommen; Prachtwerke und zwar sehr grosse, blos ornamentale Gewebe dieser Art besitzt das Teppichmagazin des kaiserlichen Hofes in Schönbrunn bei Wien. Fischart bezieht sich auf Rabelais. Die ganze Stelle ist auch nur eine, allerdings sehr ausgreifende Erweiterung der betreffenden Stelle in dem französischen Vorbilde, wo es in dem Vorworte heisst: „Silenen nannte man damals gewisse kleine Büchsen, sowie wir sie jetzt in den Läden der Apotheker sehen; die waren von aussen mit allerhand lustigen, nichtssagenden Figuren bemalt, mit Harpyen, Satyren, aufgezäumten Gänschen, gehörnten Hasen, gesattelten Enten, fliegenden Böcken, gegabelten Hirschen und anderen dergleichen

Bildern, so die Beschauer zum Lachen reizten" etc. (Uebersetzung von F. A. Gelbcke, Leipzig, I, pag. 26.) Der kritische Seitenblick auf die Vernunftmässigkeit des Genres, rührt, wie man sieht, erst von dem deutschen Autor her.

„Widhopffen, die man mit lichtern besteckt, auf der Mistbären daher träget. Wie zu Strassburg im Mönster, bei dem Chor auff der seulen stehen." Ich wüsste nicht, was der Autor hiermit andeuten sollte, wenn es nicht die berühmte, jetzt nicht mehr vorhandene Thierprocession in jener Kirche sein sollte, die er selbst in dem nach seinem Tode herausgegebenen Buche: Thierfabel mit D. Johann Fischarts, genannt Mentzer, Erklerung vnd Auslegung einer von verschiedentlichen zahmen und wilden Thieren haltenden Mess etc. Gedruckt zu Strassburg bei Johann Carolo 1608" beschrieben. Einige der Holzschnitte sind bei Dr. Kraus, „Kunst und Alterthum in Elsass-Lothringen", I. Band, Strassburg 1877, pag. 474 ff. reproducirt. Diese Reliefs befanden sich an dem ersten südlichen Triforium von der Vierung ab angebracht. Herr Prof. Dr. Kraus in Strassburg hatte die Güte, auf meine Anfrage nach dem fraglichen Gemälde des Rebhuhns Umschau zu halten. Doch ist Nichts zu eruiren, das Gemälde scheint längst verschwunden zu sein und auch jede Nachricht von ihm. Vergl. über die Grotesken auch Cellini's Biographie, Ed. Tassi, Firenze 1829, I, pag. 136 f.

Berni in seinen Burlesche sagt von einer ähnlichen phantastisch-komischen Erscheinung:

> Una figura arabica (Arabeske), un' arpia,
> Un nom fuggito de la notomia.

Doch, kehren wir von dieser Abschweifung wieder zu der Erörterung jener Erscheinungen zurück, welche die damalige Literatur als Veränderungen bedenklicher Natur nicht an den Werken und der Stoffwahl der Künstler, sondern an ihrem Charakter, in ihrer Lebensweise, kurz, an dem Wesen des Menschen in ihnen hervorhebt. Eines der merkwürdigsten Beispiele ist in solchem Betrachte gewiss das Urtheil, welches Vasari über den andachtsinnigen Hauptmeister der Schule Umbriens, über Pietro Perugino, äussert. Er sagt von ihm: „Pietro war ein Mensch von ausserordentlich wenig Religion und man konnte ihm nimmermehr Glauben an die Unsterblichkeit der Seele beibringen. Er sträubte sich mit Worten, die seinem Porphyrkopf angemessen waren, hartnäckig gegen jeden Weg zur Vereinbarung. Alles Hoffen ging bei ihm auf die Glücksgüter und für Geld hätte er jeden schlimmen Contract unterzeichnet. Er gewann viel Reichthümer und erbaute oder kaufte Häuser in Florenz, in Perugia und Castello della Pieve erwarb er viel liegende Gründe. Er nahm eine sehr schöne Jungfrau zum Weibe und hatte Kinder mit ihr. Seine Freude war, dass sie ausser und in dem Hause stets hübschen Kopfputz trage, so zwar, dass man sagt, er habe sie öfters mit eigener Hand frisirt."

Seit langem hat es sich nun eine ansehnliche Zahl italienischer wie fremder Schriftsteller sehr angelegen sein lassen, Perugino von solchen Vorwürfen zu reinigen und das Unvereinbarliche dieser Angaben mit dem heilig-frommen Charakter seiner und überhaupt der umbrischen Kunstschöpfungen zu zeigen. Besonders bemühte sich der fromme Mezzanotte in seiner dem Meister gewidmeten Monographie, ihn von beiden Hauptsünden, der Geldgier und dem religiösen Skepticismus rein zu waschen. Betreffs der ersteren suchte man nachzuweisen, dass Perugino's Besitzthümer wenig einträglich gewesen, dass er sie zum Theil an Zahlungsstatt bekommen habe, dass die ebenfalls von Vasari erzählte Anekdote von Perugino's Benehmen gegenüber dem geizigen Prior der Gesuati in Florenz genügsam seine Uneigennützigkeit beleuchte etc.; dass er ohne die Sacramente verschieden ist, sollte sich daraus erklären, dass er ein Opfer der 1523 in der Stadt herrschenden Pest geworden sei u. A. m.

Wie dem nun auch sein möge, ohne Zweifel steckt etwas Wahres hinter der Geschichte. Vasari ist zwar bisweilen ein arger Versteller des Wahren in seinen nicht ohne Parteilichkeit geschriebenen Biographien, wie das jene des Averulino Filarete, des Pinturricchio, des Soddoma u. A. beweisen, aber all' diese sind Künstler, denen er auch als solchen nicht eben hold gewesen ist, oder er spricht ungünstig, wo ihm das Verständniss fehlt, wie über den alten Cennini. Was er über Perugino äussert, stimmt sonst aber zum Lobe dieses Malers, und dennoch am Schlusse eine nach derartigen Begriffen so herbe Anklage! Auf's schwerste fällt es dabei in's Gewicht, dass ähnliche Erscheinungen zu jener Zeit nicht gar so selten auftauchten, denn die Maler Italiens, welche der Hauch des Renaissancegeistes berührt hatte, waren keineswegs mehr die demuthsvolle Künstlerheerde im Dienste der Kirche, wie es vor drei Jahrhunderten der Fall gewesen. Ein Bartolommeo widmete seinen Pinsel jenem Trinci, den die Kirche als Rebellen gebrandmarkt hatte, ein Palmerucci war fanatischer Ghibelline, Sandro Botticelli war, wie Perugino, angeklagt, die Unsterblichkeit der Seele geleugnet zu haben. — Der Beispiele wären noch viele beizufügen.

Cennini lässt uns den italienischen Maler seiner Zeit, wie gezeigt, noch vielfach in der traditionellen Beschränktheit des mittelalterlichen Künstlers erscheinen. Boccaz kehrt die lustige Seite des privaten Lebens heraus; bei Jenem sind die religiöse Stimmung und als Gegensatz dazu etwas viel Sorge um das materielle Wohlbefinden die einzigen Gedanken, welche neben den technischen Ausführungen in seinem Buche vorkommen; bei den Novellisten tritt das Berufsinteresse neben eitel Spassmacherei und Hang zum Wohlleben ganz in den Hintergrund, ja der alte Calandrino, als er Schätze zu finden hofft, meint, das wäre etwas Gescheidteres als tagelang die Wände zu beschmieren. Einen ernsten Contrast zu beiden Auffassungen bietet dasjenige, was wir von dem Altmeister derselben Schule in Toscana, von Giotto durch ihn selbst aus der Canzone wissen, welche sich in dem Codex 47 der Bibliotheca Gadiana erhalten hat. Das übrigens im Einzelnen schwer verständliche Gedicht macht auf eine merkwürdige Weise gegen die damals so mächtig gewordenen Regeln des Franziskanerordens Front, obwol der Künstler oftmals der Verherrlichung desselben seinen Pinsel gewidmet hat, obwol die Ueberlieferung seine nahen Beziehungen zu Dante rühmt, dessen herrlicher Allegorisirung der franziskanischen Gelübde im Purgatorio Giotto in seinen Fresken zu Assisi bildlichen Ausdruck verliehen hat. Also auch hier wieder die Probe einer Dissonanz zwischen Schaffen und Leben.

Und des Meisters Opposition ist keine schwächliche; er greift die freiwillige Armuth an, er tadelt den absoluten Gehorsam.

Di quella povertà, ch'è contro a voglia,
Non è da dubitar, chè tuttavia
Chè di peccare è via,

Facendo spesso à giudici far fallo,
E d'onor donna e damigella spoglia,
E fa far furto, forza e villania,
E spesso usar bugia,
E ciascun priva d'onorato stallo.

Und von dem Gehorsam:

E l'osservanzia non è da lodare,
Perche discretion, ne choniocienza
O alcuna valenza
Di costumi, o di virtute le s'afronta.
Cierto mi par grand' onta
Chiamar virtute quel, che spegne 'l bene.

Wir dürfen dabei auch seines höhnischen Witzwortes über die Darstellungsweise des heiligen Josef auf den Gemälden des Servitenklosters in Florenz nicht uneingedenk bleiben, welches Sacchetti (Novelle, Ausgabe Florenz 1724, I. nov. LXXV) mittheilt.

Die Tage der Poggio, Massurpini etc. mit ihrem kaustischen Witz über Dogmen und Moralsysteme konnten auch an dem stets aufgeweckten Malervölklein nicht ohne Nachwirkungen ähnlicher Art vorübergehen. Malten sie aber dann trotzdem in einer andachtsvollen, religiösen Richtung weiter, so kann uns das keineswegs befremden, wenn wir bedenken, dass jene kecken Philosophen und Sophisten ja auch ihre tägliche Messe besuchten, Stiftungen machten und ihre Grabmäler mit der Madonna, Engeln und Heiligen zieren liessen! Im italienischen Charakter liegen diese Dinge näher und harmloser beieinander als in dem des Deutschen.

Und so liefert denn auch die Künstlergeschichte aus letzterem Lande genug Belege dafür, dass hier der Zusammenstoss zwischen dem Alten und Neuen sich viel heftiger vollzog, wobei jede Versöhnung der Contraste ausgeschlossen blieb und die erhitzten Gemüther sich in der Regel auf der Bahn der Extreme am liebsten befanden.

Im Jahre 1535 fand man bei dem Nürnberger Maler und Holzschneider Guldenmund „etliche schändliche und lesterliche Büchlein mit vnzüchtigen gemelen von vnordentlicher Lieb". Als der Künstler sich verantwortete, sie seien ihm aus Augsburg eingesendet worden, bat der Rath von Nürnberg jenen in Augsburg um Mittheilung eines Exemplares, „nit darumb, das wir des zu sehen begierig", sondern um Guldenmund um so sicherer strafen zu können. Wie endlich die „gottlosen maler" Georg Penz, Hans und Barthel Beham wegen Atheismus, unsittlichen Lebens und, wie wir heute sagen würden, socialdemokratischer Umtriebe in Verhaft genommen wurden, hat Baader in seinen „Beiträgen zur Nürnbergischen Kunstgeschichte" ausführlich aus Urkunden mitgetheilt.

Man hatte allerdings auch in der That genug schlimme Beispiele erlebt. Jacob Cat's „Crystelyk huyswyf" erzählt eine Geschichte, woraus hervorgeht, dass sich Maler dazu gebrauchen liessen, durch Porträts schöner Frauen bei Wüstlingen Geschäfte zu machen und solche Arbeiten als Musterkarten eines Kupplergewerbes herumzeigten. Maler, Huren und Buben wird so ziemlich eine stehende Formel in manchen Schriften des 17. Jahrhunderts, und Shakespeare durfte wohl gewissermassen den einst von den frommen Malern verunglimpften Teufel selber zum Maler machen, wenn er in „Was ihr wollt" bemerkt:

> virtue is beauty; but the beauteous-evil (III. 4.)
> are empty trunks, overflourish'd by the devil.

(Floriren ist ein auch in Deutschland altüblicher Ausdruck für Ornamentiren in der Malerei.)

Gegenüber all' den Beschuldigungen, welche in jener Zeit so häufig und von so verschiedenen Gesichtspunkten gegen die Malerei, vornehmlich in Deutschland, erhoben werden, erquicken uns hinwieder einige köstliche und kerngesunde Urtheile zu ihrer Rechtfertigung, welche das Rechte wundersam einfach herausfinden. Ich setze blos ihrer zwei hierher, deren ersteres, obwol von einem Künstler selbst herrührend, doch gewiss Niemand ein parteiisches nennen wird. Es ist ein Wort Dürer's, welches sich kräftig und entschieden gegen die Verleumder der edlen Kunst richtet, die er, für den Meister charakteristisch genug, in den Reihen der neuen Lehre findet. In seiner „Underweysung der Messung mit Zirkel und Richtscheit" 1525 lesen wir die Stelle:

> Vnangesehen das itzt bei vns vnd in vnseren zeyten die Kunst der malerey, durch etliche seer veracht vnd gesagt will werden, die diene zur abgötterey. Dann eyn yeglich Christen mensch, wirdet durch gemel oder bildnuss als wenig zu einem afftergläuben getzogen, als eyn frumer man zu eynem mord, darumb das er ein waffen an seiner seyten tregt, müst wahr-

lich eyn vnuerstendig mensch seyn, der gemel, holtz oder steyn anbetten
wölt; darumb gemel mehr besserung dann ergernuss bringt, so das erberlich
kunstlich vnd woll gemacht ist. In was eren vnd wirden aber dise kunst
bey den Kriechen vnd Römern gewest ist, zeygen die alten bücher gnugsam
an. Wie woll sie nachfolgent gar verloren vnd ob tausend jaren verborgen
gewest, vnd erst in zweihundert jaren wider durch Walhen an Tag gebracht
ist worden , denn gar leychtiglich verlieren sich die künst, aber schwerlich
vnd durch lange zeyt werden sie wider erfunden.

Das andere bedeutsame Urtheil über die edle Malerkunst,
zwar nicht eigentlich polemisch gehalten, verkündet ihre Vorzüge
noch eingehender. Es ist ein wenig bekanntes, und, wenn ich
mich nicht täusche, von der Kunstgeschichtsforschung noch nicht
berücksichtigtes schönes Gespräch von Hans Sachs, das ich aus
diesen Ursachen hier ganz abdrucken lasse.

  Gesprech. Wer der künstlichst werckman sey.

   Eins abendts ich geladen was
   Zu einem guten freundt und sass
   Mit im allein selb dritt zu tisch,
   Da man aufftrug wiltpret und fisch,
   Viel richt und mancherley getranck.
   Da war mir auch mein weyl nicht lanck,
   Wann mit kurtzweiligem gesprech,
   Dergleich mit schönen fragen spech
   Conversirten wir mit einander
   Unt thetten ein frag umb die ander.
   Als einest kam die frag an mich,
   Da fieng auch an und sprach: O ich
   West geren von euch beyden her
   Welcher der künstlichst werckman wer.
   Der wirth im hauss fieng erstlich an:
   Das ist allein der zymmerman,
   Der durch sein schnur, mass und richtscheit
   Kan messen, hoch, tieff, weit und preit
   Und verfertigt ein gantzes zimmer,
   Eh ers auffricht und fehlt im nimmer.
   Schweig der mülwerck und wasserpew
   Und anderer erfindung new.
   Polwerck und schantz er auch zu-richt.
   Die heilig Schrifft im lob vergicht,
   Wie er mit seinen künsten stoltz
   Gezimmert hab von tennem holtz
   Zu der sündfluss die starcken arch,
   Drinn Noe, der patriarch,

Sampt acht menschen erhalten wardt
Mit allem viech und thierlein art.
Dergleich er zimmert hat nach dem
In der state Jerusalem
Salamo sein königliches hauss,
Köstlich und künstlich uberauss,
Zimmert Dedalus den labrint,
Desgleichem werckman nindert findt.
Darinn sich mancher mann vergieng.
Der ander sein red auch anfieng
Und sprach: Bey mir ich selbert schetz,
Der feinst werckman sey ein steinmetz,
Der bawet manch fürstliches schloss,
Auch manche stadt sehr vest und gross
Mit rinckmawer und starcken thüren,
Gwaltige pastey darumb füren,
Drein heuser, keller, gwelb und prunnen
Als artich und so wol besunnen,
Zierlich gepew, die geng durchsichtig
Mit columnen, bildwerck hochwichtig,
Von merbel und weyssen tufft-steinen.
Sein lob das kan ich nicht verkleinen.
Sein kunst hat geben ein exempel
Zu Jerusalem der schön tempel,
Dergleich der hoch thurn zu Babel.
Das grab Mausoli ist kein fabel.
In Egypten zeugen auch gwiss
Die künstling werck Priamidis.
Darumb ir handtarbeit behelt hewt
Das lob über ander werckleut.
Ich sprach zu im: Fürwar, ich leyd,
Das die gross künster sind alle beid,
Auch not und nütz leut unde landt,
An die kein königreich het bestandt.
Aber weil wir von künstnern reden,
So legt mit kunst ob disen beden
Ein maler, der mit seiner hendt
Auss rechtem grund und fundament
Kan malen conterfetisch pur
Auff erd allerley creatur,
Den menschen gleich, als ob er leb*),
Den vogel, wie im lufft er schweb,
Das viech, wie es sein weide nimbt,
Den fisch, wie er im wasser schwimbt.

---

*) Also noch immer, auch bei Hans Sachs, die uralte Formel!

Die wilden thier kan er erheben,
Wolff, beeren, panthier, fuchs und löben,
Das gwürm, atern, schlangen und trachen,
Lindwürm und cocodrillen machen,
Yeder nach seiner Art besunder,
Und auch die seltsamen meerwunder
Und was Gott im anfang beschuff
Durch seins göttlichen wortes ruff,
So conterfetisch, sam sie leben,
Dergleich allerley baum darneben.
Pross, laub, plü, frucht und (das ichs kurtz)
Allerley sam, kreuter und würtz,
Rosen, blumen, feyel und grass.
Ydes nach rechter art und mass.
Mit seiner proportz, farb und schön,
Rot, gelb und plab, praun, weiss und grön.
Wie sie her auss der erden dringen.
Auch so kan er in bildnus bringen
Die alament, luft, wassr, erd, fewr,
Donner und plitzen ungehewr,
Schnee, eyss und ungewitter sehr
Und das wütig auffwallent meer,
Den teuffel, hell und auch den todt,
Das paradeiss, engel und Gott,
Das gwülck, sonn, monn und lichten stern
Und gantze landtschafft, wie von fern
Die hohen gepirg sich abstelln,
Hinter einander sich verheln,
Die pühel, berg und finstern welder,
Die hayden, egart and pawfelder,
Dörffer und weyler, angr und wisen,
Aw und schieffreiche wasser fliessen,
Se und weyer, päch und brunnen,
Stedt und die schlösser wol besunnen
Mit irn pasteyen, wehrn und zinnen.
Auch malt er mit kunstreichen sinnen,
Wie ein gantz heere legt zu feldt
Mit wagenpurg, geschütz und zelt,
Feldtschlacht, scharmützel und den sturm,
Ydes nach krieger art und furm,
Dergleich all kurtzweil, fechtn und ringen,
Kempffen, steinstossen, lauffn und springen,
Rennen, stechen und thurnieren,
Auf allen seitenspiel hofieren,
Tantzen, reyen, buln und spielen,
Kuglen und schiessen zu den zielen,

Jagen und hetzen, vogeln und fischen,
Das macht er mit duncklen und frischen
Farben, erhaben durch schattierung,
Durch ein entworffen visierung
Sampt aller menschen thun und handel,
Sampt allem gut und bösem wandel,
Land und lewt aller nation,
Künig, adel, frawen und mon,
Frölich und trawrig, alter und jugent.
Er kan pilden laster und tugent.
Wappen, kleinot, helm und schilt
Wirdt augentlich durch in gepildt.
In summa was auch all propheten,
Geschichtschreiber und die poeten
Haben beschrieben und geticht
Von anfang aller welt geschicht,
Kan er meysterlich und figurlich,
So conterfetisch und natürlich
Dem menschen klar vor augen stelln,
Das mans nicht klerer könt erzeln.
Diss als er tragen muss im hirn,
Darauff tag und nacht fantasirn.
Des muss er sein gantz künstenreich
Und fast einem poeten gleich
Erfarn in vilen dingen wol,
Weil er all ding abpilden sol.
Des preyse ich des malers kunst
Vor aller ander werckleut sunst.
Der ander gast fieng wider an,
Sprach: Du bist ein seltzamer man,
Du lobst den maler gar zu hoch.
Der steinmetz ist vil nützer doch!
Des malers könt man wol geraten,
Wann all sein ding ist nur ein schatten.
Sein gmaltes fewr wermbt nicht vast,
Sein sonn gibt weder schein noch glast.
Sein obs hat weder schmack nnch safft,
Sein krewter weder ruch noch krafft.
Sein fisch hat weder fleisch noch blut.
Sein wein gibt weder freud noch muth.
Der best werckman ist er nicht gar.
Ich sprach: Das sprichwort ist noch war,
Dass keiner kunst feind ist ein man,
Den wer derselben kunst nicht kan.
Auss seiner kunst kompt sehr viel gutz,
Ich zeig dir kurtz dreyerley nutz.

Erstlich, vil gar schöner history
Bringt er dem menschen zu memori,
Er sey glert oder ungelert,
Das er die geschicht gantz klar erfert,
Was frömbkeyt pringt vor nutz und ehr,
Wie bossheyt den menschen versehr,
Dardurch der mensch die laster fleucht
Und die waren tugent anzeucht.
Zu dem andren, die malerey,
Vertreibet viel melancoley,
Viel schwermütigkeit von dem hertzen
Und pringt den augen freud und schertzen.
Zum dritten ist des malers hendt
Ein gantz gründtliches fundament
Steinmetzen, schreiner und bildschnitzer,
Goldtschmied, formschneider, seidenfitzer,
Illuministen und buchdrucker,
Sigilgraber, schneider und schmucker
Und anzal der handwercker mehr.
Des hat ir kunst billich die ehr,
Wie es vor jaren auch die alten
Die künstlichst arbeit hant gehalten.
Vier maler hat Plutarchus beschrieben,
Den der rhum ist in Griechen blieben,
Parrasius und Apelles,
Zeuses und auch Protogenes,
Der werck von küng, fürsten und herren
Behalten worn in grossen ehren
Als ein köstlicher schatz vil jar,
Der etlich noch sind offenbar,
Wiewol Gott auch dem teutschen landt
Der künstner mit hohem verstandt
Als Albertum Dürer gegeben
Und ander, so noch sind im leben.
Gott geb, das der rhum plü und wachs
In lange zeyt! wünscht ihn Hans Sachs.

Anno salutis 1541 jar, am 30 tag Octobris.

Mehr als ein Gesichtspunkt, der aus diesem warmen Lobgedichte der Malerkunst sich ergibt, ist von Bedeutung. Hans Sachs geht dabei auf den alten Wettstreit der Künste ein und vertritt mit seinem Zimmermann, Steinmetz, Maler so ziemlich die Dreiheit derselben wie etwa Vasari mit den architetti, scultori e pittori. Der Einwurf, welcher seinem Preis des Malers gemacht wird, dass er doch nur Schein darstellen könne, dass sein Feuer nicht brenne, seine Blumen nicht duften etc., ist ein Gedanke, der in der ganzen Literatur dieses Rangstreites der Künste unermüdlich abgedroschen wird. In schöner Steigerung schildert der Dichter erstlich nur die äusseren Verdienste seiner Lieblingskunst, deren Nachahmungsvermögen er durch eine Fülle von Beispielen aus allen Zweigen — wie wir heute sagen würden — der grossen Kunst sowie des Kunstgewerbes beweisen will, und erst dann, als der Gegner, welcher, wie in allen italienischen Streitschriften dieses Themas, ein Vertheidiger der Bildhauerkunst ist, eingewendet hat, dass die Malerei nur Schein und Schatten geben könne, kommt er auf die sittliche Bedeutung derselben zu reden, als deren Hauptmomente er die Hebung der Bildung, der Frömmigkeit und die Warnung vor dem Laster, endlich die edle Erheiterung des Gemüthes hervorhebt. Wie Dürer in der angezogenen Stelle und wie es im Geiste des Jahrhunderts überhaupt lag, wendet er sich natürlich auch wieder den herrlichen Alten zu, deren Zeit alle Kunst hochgehalten, schliesst dann aber mit der Verherrlichung seines grossen Landsmannes, den ihm und Nürnberg damals schon vor dreizehn Jahren der Tod entrissen hatte.

Neben so vielen Anklageschriften gegen die Malerei und ihren verderblichen Einfluss in kirchlicher Hinsicht, welche die Protestanten vom Stapel gelassen hatten, verdient ferner die Stimme eines anderen Aufgeklärten gerechte Würdigung, welcher mit freiem Blick unter jenen Zeloten, obschon selbst eifriger Anhänger der neuen Kirche, die Verdienste der edlen Kunst emsig bei Ehren zu erhalten bestrebt ist. Zwar muss man bekennen, dass Ort und Veranlassung für seine Schutzrede gerade nicht sehr glücklich und logisch gewählt sind, vielleicht darf aber ihre Anbringung an fremdartiger Stelle umsomehr als ein Zeugniss für den Ernst und Eifer gelten, womit der gute Mann die Sache um jeden Preis zu vertheidigen gewillt war. Was unser Gewährsmann in weitschweifigen Worten vorbringt, hat kurz und herzlich allerdings schon um 1360 Heinrich Suso mit dem Satze ausgedrückt, dass ein bewährter Gottesfreund stets „etwas guter Bilder" haben solle, davon sein Herz zu Gott entzündet werde.

Dieser Wackere ist M. Fridericus Helbach, Pfarrer zu Wickenrod, welcher im Jahre 1612 eine Uebersetzung von der Reisebeschreibung des Ritters Bartholomäus Saligniaco herausgab (Altenburg 1612), welche dieser von seiner Fahrt in's heilige Land verfasst hatte. In der Vorrede bemerkt Helbach, dass es drei Wege zum rechten Leben gebe, nämlich: die Wissenschaft vergangener Dinge und Händel, die Kunst und das Reisen. Unseren Gegenstand betreffend lässt er sich folgendermassen vernehmen:

> Der andere weg zu einem tugenthafften wandel, fleust aus schönen Figuren vnd Gemälden, darinnen sich ein rechter Mensch, der kein Stoicus ist, nicht allein belustiget, sondern sich auch befleissiget, also zu handeln vnd zu leben, dass man auch etwas löbliches von jhm schreiben vnd mahlen könne, so es anders etwas lobwirdiges ist, das jhm für augen stehet: Gereicht es aber einem andern zu grosser schand vnd vnehr, das er sich für grausamkeit, schand, laster vnd vntugend lerne hüten, wie denn das Gemäld des meuchelmörders zu Pariss, welcher König Heinrich den IV. dieses Namens schendlich ermordet hat, vnd darauff seine wolverdiente straff empfangen, Ja jedermanniglich reitzen soll, zuförderst Gott, vnd dann seine liebe vorgesetzte Obrigkeit vnterthenig zu lieben etc. . . . . . .
>
> Gleiche meinung hat es mit den Bildern, sie seyen sonst geschnitzt oder gemahlt.
>
> Vnd ob wol Gott Exod. 22 verbeut Bilder zu haben, erkleret sich doch der Ort vnd Text am selbigen ort selbst, das es nicht solche der die man anbeten wolte, seyn solten.
>
> Es sind zwar etliche gewesen, welche die Bilder als etwas notwendiges zum Gottesdienst zu haben, andere dieselbigen abzuschaffen, vnd aus grossem Eiffer zustürmen, vertheidigen wollen: welche zwar zu beyden theylen jhre besondere rationes vnd argumenta vorzuwenden haben, auch wol nit allzu schwer were, sie zu vergleichen, wenn sie nur in etlichen dingen einander etwas wichen, ja einer den andern recht verstehen wolten.
>
> Das sag ich aber nit darumb, dass ich weder diesem noch jenem hauffen beyzupflichten gedencke, weiter denn sich gebühret, vnd halte die Statuas oder Bilder in den Kirchen, für nichts anders, als feine Erinnerung, Warnung, vnd Biblische Historien. Doch kan der rechte wahre Gottesdienst, gleichwol ohne solche Bilder bestehen, besser aber dünckt mich seyn solche zubehalten, als zu verwerffen, vmb angezogener vrsachen willen, damit auch die Jugend desto ehr angereitzt würde, durch Picturas vnd Statuas das gute zu lieben vnd vom bösen sich abzuwenden, sonderlich wenn man die rechte ausslegung hinzuthut.
>
> In meiner Jugend hab ich offtmals meine liebe in Gott verstorbene Eltern gefragt, was doch die Figuren für bedeutung hetten, welche in kleinen Catechismo D. Martini Lutheri jedem Gebot vor oder zugesetzt, oder was man damit meint: da empfieng ich diese Antwort, vnd bericht, dass es anzeigung, erinnerung, ja erklerung der Gebot weren, wie sie entweder vbertretten, von Gott gestrafft, aber gehalten, belohnet würden, vnd darneben oder darüber keines anbetens oder verehrung ist gedacht worden; Also hab

ich ie vnd allweg, wie auch noch, von solcher Historien Bildnus vnd Gemäld gehalten.

Wann es aber je so böse were, wie etlich darvon sagen, warumb hat denn vnser lieber Herr Christus Matth. 6. seinen lieben Jüngern vnd vns allen, zum Exempel des Glaubens vnd vertrawens an jhm, die Vögel vnter dem Himmel, als Lehrmeistern für Augen gestellet? Warumb hat er vns auff die Liljen auff dem Felde, ja die herrlichkeit des Königs Salomonis zu schawen, vnd sie zu betrahten, gewiesen? Was sind nun die Gleichnis allesampt anders, als leibliche oder gemalete Bildnuss, welche so man sie gar wolte hinwegreissen, müste man auch den Menschen die Hertzen auss dem Leibe reissen, vnd das Hirn aus dem Kopff nehmen, da die Bildnus vnd erinnerung geschehener Händel vnd Geschichten Concipirt werden vnd hafften.

. . . .

Sicht aber jemand das Leiden Christi gemahlet, oder Christum am Creutz hangend, welches sich alles vor vnd in der Stadt Jerusalem angefangen vnd volzogen hat, so ist es mehr und besser, dass er daheim nach Jerusalem mit andächtigem Hertzen wandele etc. . . . . . .

. . . bey den schönen Figuren vnd Gemälden, die man auff allerley weis und manier haben kan, vnd ist in denselbigen bei den Kunststechern und Malern heutiges Tags grosse Kunst zu spüren, wie dann deswegen die Itali, Galli, vnd Niederländer (der Verfasser ist ein Deutscher) vor andern fürtrefflich sind.

Das 16. Jahrhundert bietet protestantischerseits das Bild eines Kampfes gegen die Malerei althergebrachter Richtung, der aus dogmatischen Gründen sehr begreiflich und wegen des Feuereifers, womit eine ihrer Ansicht nach rein geistige Gottesverehrung den sogenannten Bilderdienst verfolgte, immerhin interessant zu nennen ist. Nachdem im folgenden Jahrhundert aber die Wogen auf diesem Gebiete ruhiger zu gehen begannen und der gräuliche Bildergötzendienst ausgerottet war, begann eine überaus langweilige pedantische Secte auch gegen weltliche Bilder den Krieg und kam nun das geistreiche Wort in Beliebtheit: „Ein unzüchtiger Maler ist ein Jäger des Teufels, welcher die einfältige, leichtsinnige und blöde Jugend dahin in das Netz und Verderben locket." Wir lassen diese ganze, reiche Literatur ruhig ihren wohlverdienten Schlaf der Vergessenheit weiterschlafen, ohne sie aufzustören. Ein Hauptherold derselben ist, um nur Einen anzuführen, Erasmus Franciscus in seinen geistlichen Ruhestunden. Auch fing man an, die armen Maler wegen der historischen Ungenauigkeiten in ihren Bildern scharf zu tadeln, was besonders Talmudkenner, wie Buxtorf, oder auch Andere, wie Molanus, Paullinus (zeitkürzende Lust), ja sogar noch Klopstock interessirte, der Raphael wegen biblischer Verstösse ernsthaft auszankt. Die Koryphäe in besagtem Fache jedoch ist: Odomenigo Lelonetti, eigentlich Giov. Domenico Ottonelli in seinem Trattato della Pittura, uso et abuso loro composto da un Teologo e da un Pittore, Firenze 1652. Da stritten nun die Einen dagegen, dass Paulus bei seiner Bekehrung zu Pferde dargestellt werde, er sei zu Fuss gegangen, worauf es sogar ein altes Reimlein gibt, welches lautet:

> Der triegt, der Paulum malt zu Pferd,
> Es steht: er gieng und trat die Erd.

Johannes soll kein junger, sondern ein bejahrter Mann sein, da er sein Evangelium schrieb; Christus soll bei der Versuchung auf einem platten, keinem spitzen Dache stehen; der Besuch der drei Könige aus dem Morgenlande hat nicht in dem Stalle stattgefunden, denn so lange nach der Geburt des Kindes war Bethlehem schon wieder von den Zuzüglingen entleert und die heilige Familie wird bereits ein besseres Quartier aufgesucht haben, und was dergleichen geistreiche Rationalismen mehr sind. Oder es werden Anachronismen in den Costumen scharf getadelt, und Hereintragungen der zeitgenössischen Sitte, z. B. dass Christus beim Abendmahle den landesüblichen Osterschinken auf der Schüssel vor sich liegen habe, dass Porträts in heilige Geschichten aufgenommen wurden u. a. m. Klopstock, welcher im „Nordischen Aufseher" (III. Bd., pag. 173) „Urtheile über die poetische Composition einiger Gemälde" herausgegeben hat, bewegt sich noch völlig in diesem Fahrwasser und äussert sich ungünstig über Raphael, weil er beim Oelberg den traditionellen Kelch des Leidens in effigie beigibt („niemals ist ein grosser Maler so weit unter seinem Sujet gewesen"), oder über Poussin, weil er bei der Auffindung Mosis den Nil als Flussgott vorgestellt hat etc. Das 19. Jahrhundert hat durch seine Malerei bekanntlich all' diesen genialen Bemänglungen ein Ende gemacht und dafür Sorge getragen, dass der Künstler seine erfinderischen Gedanken erst durch das Studium von Antikensammlungen und ethnographischen Museen gehörig läutere, bevor er den Pinsel ergreift. — — —